Erkenne das Böse

Conny Lüscher

Erkenne das Böse

Psychothriller

Jede Ähnlichkeit mit lebenden oder toten Personen und tatsächlichen Ereignissen wäre rein zufällig.

Bibliografische Information der Deutschen Nationalbibliothek: Die Deutsche Nationalbibliothek verzeichnet diese Publikation in der Deutschen Nationalbibliografie; detaillierte bibliografische Daten sind im Internet über dnb.dnb.de abrufbar.

Erstausgabe

Kontakt: conny@connylueschér.ch
Website: www.connyluescher.ch
ISBN: 978-3-9525223-0-1
Cover Design: RUDOLFBADEN

Lektorat: Regine Weisbrod

Inhalt

Prolog

„Wach auf!“

Das war die Stimme ihrer Mutter.

Aber ihre Mutter war tot. Schon lange. Genauso wie ihr Vater. Es gab niemanden mehr.

Emely kniff die Augen zusammen und hoffte, wieder in diesem schwarzen Dunkel zu versinken, in dem es keine Gedanken gab.

Keine Bilder.

Von ihren blutüberströmten Eltern. Ihrem Vater, der nie wieder nach ihr rufen würde.

„Mümmel! Wo steckt mein Mümmelhase?“

So hatte er sie genannt, weil sie Gemüse nur roh essen wollte. Ständig mit einer Möhre in der Hand durchs Haus wanderte und geräuschvoll daran knabberte. Andere Kinder in ihrem Alter waren längst auf den Geschmack von Süßigkeiten gekommen.

„Sei doch froh“, hatte ihre Mutter gesagt, als er Emely wieder einmal deswegen neckte. „Spätestens, wenn sie in den Kindergarten kommt, wird sie den Lockstoffen von Gummibärchen verfallen.“

Aber sie kam nicht in einen Kindergarten, Emely wurde in eine Klinik gebracht. Man hatte sie fortgetragen. Eingewickelt in die karierte Wolldecke, die so seltsam roch. Und die feucht geworden war vom Regen und ihren Tränen.

„Mama?“, hatte sie noch gefragt und den Mann angeschaut, der sie hochgehoben hatte. Dabei hatte sie es gewusst.

Sie hatte es sofort begriffen, obwohl sie erst fünf Jahre alt war.

Mama würde nicht mehr kommen. Nicht mehr aufstehen.

Sie war so schön gewesen. So schön wie die Königin in Emelys Märchenbuch.

Selbst dann noch, als ihre Augen blicklos nach unten gestarrt hatten. Auf ihre Beine, gespreizt wie die der alten Porzellanpuppen im Schaufenster des Antiquitätenladens in der Altstadt.

Die Arme schlaff neben dem Körper.

Mama.

Danach war die Kälte gekommen.

Angekrochen wie ein böses Tier, das sich an Emely festkrallte. All die Jahre hatte sie damit gelebt und wäre innerlich längst erfroren, wenn es Sarah und Cat nicht gegeben hätte.

Jetzt war Sarah gegangen, denn sie hatte das gefunden, was Emely wahrscheinlich niemals bekommen würde. Die Liebe eines jungen Mannes, der sie vergötterte. Mit dem sie lachen konnte und Spaß haben und eine gemeinsame Zukunft beginnen. Der sie im Arm hielt und tröstete, wenn es ihr schlecht ging.

Das Gefühl von Geborgenheit und Glück war für Emely nur ein leises Echo aus längst vergangenen Tagen. Für immer verloren. Auch wenn Sarah und Cat sich noch so sehr bemühten. Die Bilder in Emelys Kopf konnte niemand auslöschen.

Emely zitterte.

Der Boden, auf dem sie lag, war eiskalt. Gittergeflecht auf hartem Lehm, gesprenkelt mit Kieseln, drückte ihr in die Wange. Allmählich nahm sie ihre Umwelt wahr. Den Geruch nach Moder, alten Äpfeln und saurem Most. Die Ausdünstung von Erde, wie ihn Kartoffeln verströmten, ein aufdringliches Parfüm. Und den Gestank von Hühnermist.

Emelys Lider flatterten.

Ist das ein Traum? Sie war orientierungslos.

„Wach auf!"

Ich kann nicht, Mama.

Die Kälte hatte ihr Werk vollbracht. Emely konnte sich nicht mehr bewegen.

Erfroren.

Sie musste erfroren sein. Wie anders war es zu erklären, dass sie die Arme nicht heben und die Beine nicht ausstrecken konnte?

Emely bewegte die Fingerspitzen. Die Hände waren taub. Sie riss die Augen auf, und im ersten Moment fühlte sie nichts als einen gleißenden Schmerz, der durch ihren Schädel zuckte und ihr die Sicht nahm.

Plötzlich erinnerte sie sich wieder an den Schlag auf ihren Hinterkopf.

Daran, wie ihre Beine nachgegeben hatten und die Welt um sie herum verschwunden war, als hätte jemand das Licht ausgeknipst.

Cat!

Sie war auf der Suche nach ihrer Freundin gewesen, niemand wollte sie gesehen haben, und Emely war fast durchgedreht vor Sorge um sie.

Cat.

Emely hob den Kopf und starrte durch das Gittergeflecht vor ihren Augen. Verwirrt versuchte sie sich aufzurichten.

Es gelang ihr nicht.

Sie konnte sich nicht rühren. Sie lag eingepfercht in einem kleinen Käfig. Die Arme nach hinten gedreht, die Knie hochgeschoben bis unters Kinn.

Kaltes Entsetzen spülte die letzte Benommenheit fort, und jetzt spürte sie auch die Schmerzen in den Gliedern.

Wie lange lag sie schon so verkrümmt in diesem Keller?

Sie blinzelte. Ja, es war ein Keller. Ein feuchtes Loch, kaum Licht drang durch die schmutzstarrende Scheibe eines kleinen Fensters, direkt unter der schiefen Decke. Staubkörner tanzten um eine nackte Glühbirne in der Luft und sanken auf die langen Fäden klebriger Spinnennetze.

Emely versuchte sich irgendwie zu strecken.

Ein Krampfanfall verwandelte ihre Beine in Holz. Es war nicht einfach ein Krampf in der Wade, wie sie ihn schon oft gehabt hatte. Jetzt schoss von der Hüfte abwärts bis zu den Zehen ein Schmerz, so gewaltig, dass sie glaubte, sich übergeben zu müssen. Der Schweiß brach ihr aus allen Poren, und sie vermochte nicht einmal zu schreien.

Stöhnend ließ sie den Kopf sinken und biss die Zähne zusammen. Es schien ewig zu dauern, und sie glaubte, jeden Moment wieder ohnmächtig zu werden.

Endlich, endlich ließ der Schmerz etwas nach, und das Gefühl, dass Hunderte brennende Ameisen durch ihre Glieder krabbelten, war schon fast eine Erleichterung.

Sie schaffte es, die Arme vor die Brust zu schieben, und sah sich um.

Der Keller war vollgestellt mit Gerümpel. Neben dem Käfig, in den sie gepfercht war – *oh Gott, das ist ein Geflügelkäfig*! –, lagen ausgetretene Schuhe und Gummistiefel, an denen noch Erde klebte. Schaufeln, Harken und eine Spitzhacke lehnten an der unverputzten Wand. Regale voller Flaschen und Einmachgläsern, bedeckt mit grauem Gespinst, bogen sich unter der Last. In der Ecke stand ein zerbrochenes Fass.

An ihrer Taille spürte sie eine Vibration, und noch bevor die kleine Melodie erklang, durchflutete sie Erleichterung.

Das Handy, sie haben mein Handy nicht gefunden!

Oder gar nicht danach gesucht. Oh Gott, schnell jetzt! Ich muss …

Sie schob einen Arm nach unten und kurz, bevor es ihr gelang, in die Tasche zu greifen, riss sie sich den Handrücken an dem rostigen Gitter auf. Ein brennender Schmerz, bevor sie das Telefon bis vor ihr Gesicht bugsierte.

Valerie Bienert. Sieben verpasste Anrufe.

Emely wischte mit dem blutverschmierten Daumen über das Display.

Anruf annehmen.

Sie konnte nichts hören, und einen entsetzlichen Moment dachte sie, dass Valerie schon aufgelegt hatte.

„Valerie?!“ Es war nur ein Krächzen, das aus Emelys Kehle drang. Ihr Mund war völlig ausgetrocknet.

Sie zwängte das Telefon durch die kleine Lücke zwischen ihrem Kopf und dem Gitter an ihr Ohr.

Endlich konnte sie Valeries Stimme hören.

„Emely? Hallo Emely? Hörst du mich?“

„Ja!“, rief sie und musste heftig schlucken, um den Hustenreiz zu unterdrücken.

„Gott sei Dank habe ich dich endlich erreicht! Ich habe mir Sorgen gemacht! Du hast zwei Termine verpasst und dich auf keinen meiner Anrufe gemeldet! Also was …“

„Man hat mich niedergeschlagen und eingesperrt! Bitte schnell! Sie müssen …“ Sie konnte tatsächlich noch schreien.

„Was, was … Emely, wo bist du denn? Sag mir um Himmels willen, wo du bist!“

Das konnte sie nicht. Emely hatte etwas gesehen, das ihr die Stimme raubte.

Hinter prall gefüllten Kartoffelsäcken, die den fauligen Geruch verströmten, lag jemand.

„Emely? Emely, bitte antworte mir! Wo bist du denn? Was ist passiert?“

Emely starrte auf die Haare, die ausgebreitet auf dem Boden lagen wie ein Tuch.

Lang, schwarz, mit einer auffallenden, weißen Strähne.

Cat!

Das war Cat, und sie war tot.

Sie musste tot sein, denn aus den Haaren sickerte eine dunkle Flüssigkeit – zäh wie Sirup – und sammelte sich in einer schwarzen Lache.

Der Schock war so gewaltig, dass sie Valeries Stimme nicht mehr hörte.

Emely zitterte am ganzen Körper.

Es war, als stürzte sie in einen Abgrund, die Finger umklammerten das Telefon.

„CAT!“ Sie konnte nur noch schreien. „CAT! Jemand hat Cat umgebracht!“

Komm mit mir

Cat wusste gleich, nachdem sie das Haus betreten hatte, dass heute wieder ein schlechter Tag war. Sie konnte es spüren, wahrnehmen wie eine Veränderung der Luft, kurz bevor ein Gewitter aufzog.

Unsichtbare Wolken, dunkel und schwer, schwebten in den Räumen. Cat schaltete das Licht ein, und ihr Blick fiel auf den bunten Schal, der an der Garderobe hing. Vergessen oder absichtlich zurückgelassen. Sarahs Schal, bedruckt mit flatternden Schmetterlingen. Duftig und leicht. Fröhlich, so wie Sarah.

Ach, Sarah! Was musst du dich auch verlieben und dann gleich abhauen!

Cat seufzte tief und hängte ihre Jacke auf.

Mit Sarah war alles leichter gewesen. Sarah hatte es mit ihrer Fröhlichkeit geschafft, Emely aus ihren Tiefs zu holen. Sie musste einfach nur losplappern und durchs Zimmer tänzeln. Ungeschickt, wie sie war, ging dann oft irgendetwas zu Bruch. Vasen, Gläser, Bücherstapel, nichts war vor Sarah sicher. Und es war dann geradezu unmöglich, in dieses betretene Gesicht zu schauen, ohne loszulachen.

„Ach du meine Güte! Ich wieder!“, hatte Sarah immer gestammelt und schuldbewusst die Bescherung gemustert.

„Und schon wieder ist ein teures Unikat von uns gegangen!“ Cats Kommentare hatten sie noch mehr in Verlegenheit gebracht, aber Emely hatte nur gelächelt und Sarah geholfen, die Trümmer zu beseitigen.

Emely machte sich nichts aus materiellen Dingen. Es war ja genug da.

Ja, Emely war reich.

Wie reich, konnte Cat nicht abschätzen. Diese alte, aufwendig restaurierte Villa in bester Lage gehörte ihr ebenso wie mehrere Immobilien in der Stadt. Wie viel Geld auf ihren Konten lag, wusste Emely wahrscheinlich selbst nicht. An ihren Aktien hatte sie nicht mehr Interesse als an einem Bündel Altpapier.

Für Cat, die sich mehr schlecht als recht mit allen möglichen Jobs über Wasser hielt, vollkommen unverständlich.

Und um dem Ganzen die Krone aufzusetzen, arbeitete Emely auch noch. Als ob jemand wie sie es nötig hätte, sich jeden Morgen aus dem Bett zu quälen und sich von missgelaunten Chefs oder Kunden tyrannisieren zu lassen.

Unfassbar!

„Wenn ich so viel Kohle hätte wie du, meine Güte! Ich würde keinen Finger mehr rühren!“, hatte Cat mehr als einmal kopfschüttelnd zu Emely gesagt.

„Ja, ich weiß“, hatte Emely geantwortet und mit den Achseln gezuckt. „Aber was soll ich denn machen, die ganze Zeit? Einfach nur hier in diesem großen Haus sitzen und aus dem Fenster starren?“

Cat hatte eine Menge Vorschläge gemacht, angefangen von Weltreisen bis hin zu freiwilligem Engagement in caritativen Einrichtungen.

„Später, ja, später mache ich das bestimmt. Wenn es mir bessergeht.“

Cat hoffte inständig, dass dieser Tag bald kommen würde. Dass Emely das Trauma ihrer Kindheit überwinden konnte und endlich ein Leben führt, wie man es im Alter von zwanzig Jahren normalerweise tat.

Jemand, der sie nicht so gut kannte wie Cat und Sarah, konnte nicht erahnen, welchen Kampf Emely schon ihr ganzes Leben führte. Gegen die Erinnerungen und die Dämonen in ihren Träumen, die sie verfolgten und daran hinderten, die Vergangenheit abzustreifen wie ein zu enges Kleid.

Einen Panzer, der ihr die Luft zum Atmen nahm.

Doch Cat und Sarah wussten es.

Sie kannten einander seit der Grundschule und waren seither unzertrennlich gewesen. Emely, Sarah und Cat, das Dreigestirn, das niemanden sonst brauchte.

Eine verschworene Gemeinschaft.

Ihre Mitschüler hatten sich darüber lustig gemacht. Aber daran hatten sie sich nie gestört. Sarah, der freundliche, kleine Tollpatsch, der von einem Missgeschick ins nächste stolperte. Cat, die eigentlich Katja hieß, abenteuerlustig und kratzbürstig wie eine Wildkatze, wenn es nötig war. Und Emely, still und verschlossen.

„Ohne uns würdest du versauern!“, hatte Cat es einmal unfreundlich ausgedrückt und von Sarah einen bösen Blick geerntet.

Danach hatte es ihr leidgetan. Schließlich hatte Emely schon so früh ihre Eltern verloren. Ein Unfall. Cat hatte nie genauer nachgefragt, denn Emely wollte auf keinen Fall darüber reden. Cat wusste nur, dass es ziemlich lange gedauert hatte, bis man das Kind gefunden hatte.

Wie viel Zeit hatte das kleine Mädchen bei seinen toten Eltern verbracht? Wie lange Mama, Papa geschrien und keine Antwort mehr bekommen?

Weder Sarah noch Cat wollten Emely mit Fragen quälen. Damals hatte sie lange Zeit in einer Klinik verbracht. Und danach bis zu ihrem achtzehnten Geburtstag bei der Cousine ihrer Mutter gelebt, die selbst keine Kinder hatte und sie eher widerwillig aufgenommen hatte.

Wahrscheinlich war sie erleichtert gewesen, als Emely ihr Erbe antreten konnte und auszog. Es war völlig klar gewesen, dass Sarah und Cat mit ihr in das große Haus zogen, das Emelys Großeltern gehört hatte.

Sie hatten eine gute Zeit miteinander gehabt. Einander unterstützt wie Schwestern. Sich aneinander gekuschelt aufs Sofa gelümmelt und über alberne Serien im Fernsehen gelästert. Zusammen gelacht und ein paarmal in der Woche gemeinsam gekocht. Aber jetzt war Sarah ausgezogen. Es war still geworden im Haus.

Und nun wurde es Cat manchmal zu viel.

Ach Sarah, du fehlst mir, dachte sie seufzend.

Cat gab sich einen Ruck und betrat das Wohnzimmer, in dem nur eine einzige Lampe brannte. Auch so ein teures Erbstück. Tiffany. Und diese Lampe hatte sogar Sarah überlebt.

Emely lag auf dem Sofa und ließ das Buch sinken, das sie in der Hand hielt. Sie hielt es verkehrt herum.

„Oh! Du bist aber früh dran heute“, sagte sie mit dieser gespielt fröhlichen Stimme, die Cat so gut kannte.

Sie schob Emelys Beine zur Seite und ließ sich neben ihr auf die Couch plumpsen.

„Also sag schon, was ist los?“

Emely richtete sich auf. „Er hat mir gekündigt.“

„Oha!“ Cats Augen weiteten sich. Grüne Augen, in denen Emely sich spiegelte. „Hast du deine Tabletten nicht genommen? Hattest du wieder einen Aussetzer?“

„Nein, hatte ich nicht!“ Emely rückte ein Stück von ihr ab.

„Hey, sei doch nicht gleich beleidigt, es hätte ja sein können.“ Sie griff nach Emelys Hand.

Und es wäre nicht das erste Mal, dachte sie bei sich.

„Ich bin nicht beleidigt“, grollte Emely. „Es wäre einfach nur schön, wenn nicht immer gleich alle mit solchen Vermutungen daherkommen, wenn mal etwas nicht glattläuft.“

„Ja, stimmt, sorry. Also erzähl, was ist passiert?“

„Nun eigentlich nur das, was zu erwarten war. Du weißt ja, dass Herr Kirchhoff sich so langsam auf seinen Ruhestand vorbereitet und schrittweise den Personalbestand abbauen muss.“

„Und du bist jetzt die Erste, die abgebaut wird. Mist.“

Emely unterdrückte die Tränen und versuchte das Gefühl bitterer Enttäuschung zu ignorieren. Sie hatte so gerne in dem kleinen Treuhandbüro gearbeitet. Herr Kirchhoff, der Inhaber, hatte ihr Talent als Buchhalterin erkannt, da sie besser mit nackten Zahlen als mit Menschen umgehen konnte. Ihm war es recht gewesen, den Kontakt mit den Klienten konnten andere übernehmen.

Emely liebte Zahlen, an ihnen konnte sie sich festhalten. Orientieren. Sie waren erklärbar. Beweisbar.

Und wenn die Zahlen einen verrückten Tanz auf dem Papier aufführten, wusste Emely, dass das nur an ihren Medikamenten lag. Die Zahlen trotzdem da waren. Sie waren real!

„Er meinte, weil ich ja als Einzige nicht auf ein Einkommen angewiesen sei, also … Dass ich doch jetzt endlich mal Urlaub machen solle. Dann könnte ich mich in Ruhe nach einem neuen Job umschauen. Und dass er mich natürlich überall empfehlen würde.“

„Urlaub! Ein kluger Mann, dein zukünftiger Exchef!“, rief Cat begeistert und schlug sich auf die Schenkel. „Das ist längst überfällig! Du musst endlich wieder einmal hier raus. Unter andere Leute, in eine neue Umgebung. Und ich komme mit, sonst wird das ja wieder nichts!“

Emely wusste, dass man ihre Freundin jetzt nicht mehr bremsen konnte. „Musst du denn nicht arbeiten? Bekommst du so schnell auch frei?“

„Kein Problem!“ Cat wedelte mit der Hand. Als sie Emelys misstrauischen Blick bemerkte, lächelte sie zerknirscht.

„Also, ehrlich gesagt, läuft bei mir arbeitstechnisch gesehen auch nicht alles ganz rund. Aber das ist kein Grund, hierzubleiben und über die Zukunft zu brüten!“

Typisch Cat, dachte Emely. Es schien nichts zu geben, was ihre Freundin aus der Fassung bringen konnte. Was am nächsten Tag sein könnte, war ihr egal. Unbekümmert nahm Cat alles, wie es kam, und wurstelte sich durch das Leben, als sei es nur ein Spiel. Es gab kaum etwas, dass sie ernst nahm.

Die Meinung anderer Leute schon gar nicht.

Das demonstrierte sie schon mit ihrem Äußerem. In ihre langen, schwarzen Haare hatte sie sich eine weiße Strähne färben lassen. Es sah apart, aber auch irgendwie verrückt aus an einer so jungen Frau. Cats Kleidung war bis vor kurzem stets knallbunt gewesen. Sie hatte sich nicht davor gescheut, zu einer giftgrünen Jeans eine rosa Bluse zu tragen. Und sie hatte Emely ständig aufgezogen, weil bei ihr alles Ton in Ton sein musste – und möglichst in gedeckten Farben.

„Wenn man in deinen Kleiderschrank schaut, schläft man ja ein!“, hatte sie gemeckert, als sie sich einmal ein Shirt von Emely ausleihen wollte.

Doch seit ein paar Wochen trug Cat nur noch Schwarz. Mit vielen Nieten auf der Jacke und seltsamen Ornamenten auf ihren Pullis. Weil sie kaum Geld hatte, konnte sie sich keine echte Lederhose leisten, stattdessen trug sie einen auf Leder getrimmten Stoff. Knalleng und in Emelys Augen einfach nur scheußlich.

„Also, wo fliegen wir hin? Mallorca wäre Ende April doch eine …“

„Nein, bitte nicht!“, rief Emely entsetzt. Erstens hasste sie es zu fliegen, und zweitens würde Cat an einem solchen Ort keine Ruhe geben und ständig versuchen, sie auf irgendwelche Partys zu schleppen.

Cat schob die Unterlippe vor.

„Du warst doch erst im letzten Herbst dort“, sagte Emely.

„Ja, aber allein. Und das ist nicht das Gleiche. Weißt du was? Ich recherchiere jetzt ein wenig im Internet, während du uns was Schönes kochst.“ Cat klopfte Emely auf die Schulter. „Also los, Madame. Erheben Sie sich!“

Emely verzog sich seufzend in die Küche. Sie hatte nicht die geringste Lust einen Koffer zu packen und zu verreisen.

Egal wohin!

Emely hatte noch nicht einmal den Tisch gedeckt, als Cat zurückkam und triumphierend ein paar ausgedruckte Blätter schwenkte. „Hier! Ich hab's! Die perfekte Lösung! Party für mich und kuschelige Abgeschiedenheit für dich! Oder auch beides, wenn du willst.“

„Was soll das denn sein?“ Emely schwante nichts Gutes.

„Walpurgisnacht in Bergnauen!“, schmetterte Cat wie der Reiseleiter einer Kaffeefahrt.

Emely klappte der Mund auf. „Walpurgisnacht? Bist du völlig durchgedreht?“

„Jetzt sieh es dir doch erst mal an, danach kannst du immer noch nörgeln.“

Es dauerte, bis Cat die Sache erklärt hatte. In dem kleinen Bergdorf wurde traditionell die letzte Nacht des Monats April zelebriert. Damit zwischen der Ski- und Wandersaison auch Geld in die Kassen kam, wollte man den Leuten etwas Außergewöhnliches bieten. Mit Hexenfeuern, Musik und bunten Drinks mit Namen wie „Grüner Zauber“.

Und es funktionierte. Von weither kamen die vorwiegend jungen Touristen, um ausgelassen Partys zu feiern. Etwas abseits vom Dorf und dem ganzen Trubel gab es ein paar reizende Ferienhäuschen. Und eines wollte Cat jetzt unbedingt mieten.

„Ich kann feiern gehen, während du auf der Felldecke vor dem Kamin liegst und deine Ruhe hast.“

Emely runzelte die Stirn. Es klang tatsächlich so, als ob sie beide das bekämen, was ihren Bedürfnissen entsprach. Und sie müsste in kein Flugzeug steigen. Drei Stunden Autofahrt waren kein Problem.

„Was gibt es da noch zu überlegen?“, drängte Cat, tunkte den Finger in das Salatdressing und leckte ihn ab. „Und tagsüber gehen wir wandern!“

Emely blieb die Spucke weg. Wandern? Cat wollte wandern? Das war in etwa so, als wolle ein …

„Ja, guck doch nicht so! Wandern, wieso nicht? Es ist schön dort, nicht sehr steil, mehr so kleine Hügel, und einen Sessellift gibt es auch. Tonnenweise Frischluft für uns zwei Stadtpflanzen! Nun sag endlich ja. Komm mit!“

Emely gab sich geschlagen. Die Fotos, die Cat ausgedruckt hatte, zeigten eine wunderschöne Landschaft und ein idyllisches Dorf. Und Cat war von ihrer Idee so begeistert, dass sie es nicht wagte, nein zu sagen.

Denn Emely hatte Angst.

Angst davor, dass Cat es langsam leid werden könnte, mit ihr und ihrer schwerfälligen Art zurechtkommen zu müssen. Dass Cat mehr wollte vom Leben.

Und sie verlassen könnte.

So wie Sarah.

Und ihre Eltern.

Das Bergdohlen-Haus

„Du darfst ruhig etwas schneller fahren“, maulte Cat und starrte auf die Bäume, die langsam an ihnen vorüberzogen.

Nach einer Pause vor einer Stunde hatten sie die Plätze getauscht, und nun saß Emely am Steuer ihres alten VW Käfers.

Auch so etwas, was Cat nicht begreifen konnte. Emely könnte sich den teuersten Neuwagen leisten – einen Porsche, nur mal so als Idee –, aber nein! Sie kurvten hier mit dieser rostigen Blechschüssel durch die Gegend. Eine schöne Gegend, das war wirklich so, und ...

„Wir sind doch fast schon da!“, erwiderte Emely gereizt.

Tatsächlich tauchte ein Ortsschild auf. *Seltberg*, die letzte größere Ortschaft auf ihrem Weg. Danach waren es nur noch etwas über drei Kilometer bis zum Ziel.

„Lass uns hier noch einkaufen gehen“, sagte Cat und hielt Ausschau nach einem Parkplatz. „Wer weiß, was die dort oben im Dorfladen im Angebot haben.“

Emely bog auf den Parkplatz neben dem Rathaus ab. Er war vollgestellt mit Autos und Bussen. „Du meine Güte, was wollen die denn alle hier?“

„Party machen.“ Cat stieg aus dem Auto und streckte sich. „Und weil es im Dorf oben nur ein Hotel und ein paar Ferienwohnungen und Häuser gibt, müssen sich die meisten hier unten einquartieren. Aber es gibt einen kostenlosen Shuttledienst.“

Von mir aus könnten alle gleich hier unten bleiben, dachte Emely, während sie durch die Einkaufsstraße liefen. In den Schaufenstern hingen jede Menge Hexenkostüme, schwarze Capes und spitze Hüte. Scheußliche Perücken und furchteinflößende Masken. Und vor einem winzigen Laden standen etwa zwanzig Reisigbesen in Reih und Glied an die Mauer gelehnt.

„Bereit zum Abflug!“, kicherte Cat. „Vielleicht sollte ich mir ja auch so ein Ding zulegen, bestimmt würde ich dich damit auf der Heimfahrt überholen.“

Emely ließ sich lachend von ihr über die Straße ziehen, Cat hatte ein Lebensmittelgeschäft entdeckt.

Sie wurden von einer Gruppe junger Leute überholt, und Emely wurde heftig angerempelt.

„Aua!“ Sie rieb sich die Schulter und drehte sich um.

Und starrte in eine hässliche Fratze. Dunkelbraun, durchzogen von tiefen Falten, auf der Hakennase thronte eine rote Warze, aus der dicke Borsten sprossen. Graue Haare wie Putzwolle fielen über die hohe Stirn.

Emelys Herz raste.

„Buh!“, machte die Hexe und schüttelte ihren Besen. Dann rannte sie, mit einer jung klingenden Frauenstimme lachend, den anderen hinterher.

Emely kam erst wieder zu sich, als ein Auto neben ihr hupte.

Das war eine dumme Idee, hierher zu kommen, dachte sie, als sie Cat in das Geschäft folgte. Was um Himmels willen machen wir hier?

„So, und hier sind die Schlüssel“, sagte Monika Tremmel und lächelte Emely freundlich an.

Sie standen beim Empfang im Hotel Wildbach, dem einzigen im Ort. Der Familie Tremmel gehörten auch die vier Ferienhäuser in Bergnauen.

„Es ist das Letzte an der Straße, unser Bergdohlen-Häuschen, Sie können es nicht verfehlen. Mein Mann hat vorhin noch nachgeschaut, alles ist bereit für Sie. Die Heizung läuft, Holz ist im Kamin aufgeschichtet, und im Kühlschrank finden Sie einen kleinen Willkommensgruß aus unserer Küche. Und natürlich auch aus unserem Keller“, fügte sie verschmitzt lächelnd hinzu.

„Vielen Dank“, sagte Emely und tauschte die ausgefüllten Formulare gegen die Schlüssel.

„So, das ist aber schön. Wohnt jetzt mal wieder jemand bei den Dohlen!“ Eine alte Dame lächelte sie freundlich an.

Monika Tremmel verzog das Gesicht. „Darf ich vorstellen?“, sagte Monika seufzend. „Irmgard Tremmel, meine Schwiegermutter.“

„Freut mich, Emely Kramer.“ Emely reichte der adrett gekleideten Frau die Hand. Einen Moment lang wurde sie prüfend gemustert, dann durchzogen Dutzende feine Fältchen das Gesicht, als sie lächelte.

„Irmi, alle nennen mich nur Irmi. Und wenn etwas ist, wenn Sie etwas brauchen, wenden Sie sich nur ruhig an mich.“

Monika Tremmel schnaubte hörbar.

„Vielen Dank, das ist sehr nett. Also ich mache mich jetzt mal auf den Weg, bevor es dunkel wird. Auf Wiedersehen.“

„Ja, bis bald, meine Liebe, bis bald“, murmelte Irmi und sah ihr nach.

Ich habe sie schon irgendwo einmal gesehen, kann das sein? Irmi runzelte die Stirn. *Aber wo und wann?* Es wollte ihr einfach nicht einfallen und das ärgerte sie. *Werde ich etwa alt und vergesslich? Unsinn! Zweiundachtzig, nicht der Rede wert.*

„Hör mal, hast du nicht auch das Gefühl …“ Irmi drehte sich um, aber ihre Schwiegertochter war bereits im Büro verschwunden.

Wahrscheinlich ist sie schon wieder beleidigt, ach du meine Güte! Irmi zuckte die Schultern. *Das ist sie doch ständig.*

Emely wollte gerade in das Auto steigen, als sie es spürte. Ein Kribbeln im Nacken. Sie drehte sich um. Eine Frau stand vor der Einfahrt und starrte sie an. Emely wusste nicht recht, wie sie reagieren sollte, und nickte ihr zu.

Die Frau kam auf sie zu.

Was will die von mir?

Die Fremde hatte schwarze Haare, die sich um ihr Gesicht lockten. Die Haut eine olivfarbene Tönung, sie war sicher keine Einheimische. Früher musste sie eine wahre Schönheit gewesen sein, aber jetzt wirkte das Gesicht kantig und verbittert. Sie war vielleicht so um die sechzig, die grauen Strähnen waren schlampig gefärbt, und auf ihrer Jacke prangte ein dunkler Fleck.

„Kennen wir uns?“, fragte sie, als sie dicht vor Emely stand. Sie trug eine schwere Einkaufstasche.

„Nein, das glaube ich nicht“, erwiderte Emely. Der stechende, abschätzige Blick dieser Frau machte sie wütend. „Ich würde mich sicher an Sie erinnern.“

Unbeeindruckt von dieser spitzen Bemerkung rückte die Frau noch näher. „Waren Sie nicht schon einmal hier?“

Also jetzt reicht es aber.

„Nein, war ich nicht, und jetzt muss ich los! Schönen Tag noch!“ Emely stieg ins Auto und knallte die Tür zu.

Cat hatte die Rückenlehne nach hinten gekippt und sich unter der Wolldecke verkrochen. Sie schlief tief und fest.

Emely startete den Motor und gab Gas. Die Frau machte widerwillig einen Schritt zur Seite und sah ihr nach.

Himmel, was war das denn jetzt? dachte Emely. Die ist ja nicht ganz richtig im Kopf. Hoffentlich läuft die nicht die ganze Zeit hier frei herum!

Irmi hatte die Szene hinter der gläsernen Eingangstüre beobachtet und wartete darauf, dass Rita Ferber sich in Bewegung setzte

Es dauerte lange.

„Ist das nicht schnuckelig hier?“, jubilierte Cat und tänzelte durch das Wohnzimmer.

Emely mühte sich mit dem Gepäck und den Einkäufen ab, aber sie nickte zustimmend.

Das Haus, gebaut aus hellem Holz, wirkte heimelig. Die Möblierung war eine Mischung aus Altem und Neuem. Sehr schick, und auch die Lammfelle fehlten nicht. Die offene Küche lag neben dem Wohnzimmer, und unter dem Dach gab es zwei Schlafzimmer und ein Bad.

Aber das Beste war die wunderbare Aussicht. Ein Panorama, das beruhigend wirkte. Sanfte, dicht bewaldete Hügel vor einer Bergspitze, deren Gipfel noch mit Schnee bedeckt war.

„Frau Tremmel hat nicht zu viel versprochen“, sagte Emely und schwenkte die Sektflasche und die Hartwurst, die sie im Kühlschrank gefunden hatte. „Also los, bring die Koffer nach oben, und dann gibt es etwas zu essen.“

„Hexenleberwurst, nehme ich an“, kicherte Cat und mühte sich mit dem Gepäck die steile Holztreppe hinauf. Eigentlich wäre sie am liebsten gleich ausgegangen, hätte sich gerne das Festzelt angesehen und der Bar einen Besuch abgestattet. Aber sie wollte Emely nicht schon am ersten Abend alleine lassen. Ein gemütlicher Abend zu Hause würde außerdem auch ihr guttun.

Und es wurde gemütlich. Sie saßen auf dicken Kissen auf der Eckbank und waren von der mit Kräutern ummantelten Wurst ganz begeistert. Im Kamin knisterte das Feuer und verströmte eine wohlige Wärme, während es draußen dunkel wurde. Die Sektflasche war schnell leer getrunken.

„Ziemlich salzig, diese Wurst“, lachte Emely und öffnete eine Flasche Rotwein.

„Aber nur noch ein Glas“, sagte Cat, die sich Sorgen machte, wie sich der viele Alkohol mit Emelys Tabletten vertrug.

„Sag das der Person in diesem Raum, die keine Grenzen kennt“, knurrte Emely, aber sie konnte ein Schmunzeln nicht unterdrücken.

Emely fühlte sich wohl und entspannt. Cat hatte Recht gehabt, ein Tapetenwechsel war überfällig gewesen.

Sie hob ihr Glas. In der dunklen Fensterscheibe spiegelte sich die gemütliche Stube. Aber sie konnte noch etwas darin sehen.

Ein Gesicht.

Das Gesicht eines Mannes, der zu ihnen hereinstarrte.

Emely stieß einen Schrei aus und ließ das Glas fallen. Der Rotwein spritzte in alle Richtungen.

Cat sprang auf und wischte sich hektisch über den Pullover.

„Was soll denn das? Jetzt sieh dir diese Sauerei an!“, maulte sie.

„Da! Da ist jemand! Da steht einer vor dem Fenster!“

„Wo?“ Cat drehte sich um. „Ich sehe nichts, da ist niemand.“

„Doch, doch ganz bestimmt! Ein Mann!“

Er hatte Emely direkt angesehen und gegrinst, als er bemerkt hatte, dass sie ihn entdeckt hatte.

Es war ein widerliches Grinsen gewesen.

„Ich gehe nachsehen!“ Cat rannte zur Tür.

Nicht mal abgeschlossen, dachte sie verärgert, als sie sie aufriss. Das sollten wir ändern.

„Hallo?“, brüllte sie in die Dunkelheit. „Hallo? Wer ist da?“

Nur die Tannen neben dem Haus rauschten im auffrischenden Wind.

Sie machte einen Schritt ins Freie, und über ihrem Kopf flammte eine kleine Laterne auf, die leicht im Luftzug hin und her schaukelte.

„Nicht“, flüsterte Emely hinter ihrem Rücken. „Bleib hier!“

Cat hatte ohnehin nicht vor, ohne Taschenlampe um das Haus zu stolpern. Wahrscheinlich hatte sich Emely das Ganze nur eingebildet.

„Wahrscheinlich bloß ein neugieriger Nachbar, der mal nachsehen wollte, wer hier eingezogen ist. Und zu schüchtern, um sich vorzustellen.“

Sie verriegelten die Türe und versuchten, die Vorhänge zuzuziehen.

„Mist!“, sagte Cat und betrachtete das Ergebnis. Die Vorhänge waren Attrappen. Die kleinen Stoffbahnen bedeckten nicht einmal die Hälfte der Fensterscheibe. „Na, wenigstens oben müssen wir uns keine Sorgen machen. Da müssten irgendwelche Spanner schon mit einer Leiter anrücken, um was zu sehen.“

Emely seufzte „Gehen wir schlafen“, schlug sie Cat vor.

„Ja, geh du schon mal ins Bad, ich räume hier noch auf.“

Als Cat damit fertig war, vergewisserte sie sich noch einmal, ob die Türe richtig abgeschlossen war. Sie kam sich lächerlich vor dabei, aber Emely hatte es mit ihrer panischen Reaktion geschafft, sie nervös zu machen.

Und diese Unruhe legte sich auch nicht, als sie im Bett lag.

Es war beängstigend still.

Als wäre sie der letzte Mensch auf Erden.

Kein vorbeifahrendes Auto. Kein Nachbar, der nebenan vor dem Haus stand und sich räuspernd eine letzte Zigarette vor dem Schlafengehen anzündete. Keine Teenager, die auf Fahrrädern vorbeirollten und sich lautstark unterhielten.

Nur diese Stille.

Und Dunkelheit.

Cat drehte sich um und sah aus dem Fenster. Am Himmel konnte sie Sterne sehen.

Unzählige Sterne, klar und hell, wie auf dunkelblauen Stoff gemalt. Kalt funkelnd und nah, so wie man sie in der Stadt niemals sah.

Cat zog sich die Decke über den Kopf.

Ein Traum.

Das muss ein Traum sein!

Denn das ist keine Maske. Das Gesicht der Hexe ist aus Fleisch und Blut. Schwarze Schatten auf den Wangen. Glitzernde, neugierige Augen.

„Wo kommst du denn jetzt her?“

Angst. Die Beine zittern.

„Bist du alleine oder ist da noch jemand?“

So viel Angst!

„Was ist, kannst du nicht reden?“

Kann nicht.

„Was ist das *denn? Hast du dir jetzt in die Hose gemacht?“*

Schämen. Angst.

„Jetzt hör schon auf damit.“ Eine andere Stimme, rau, panisch.

Ja, bitte, hilf mir.

„Lass mich!“ Die Hexe kann zischen. „Was machen wir jetzt?“

Nicht anfassen! NEIN! NICHT!

Lisa Ferber war auf dem Heimweg.

Es war spät geworden. Und kühl. Sie fröstelte trotz ihrer wattierten Jacke. Sie blieb stehen, schlang sich die Arme um den Oberkörper und blickte zurück auf das Dorf, das fünfhundert Meter entfernt in der Talsenke lag. In den Häusern war es dunkel, nur im Hotel brannte noch Licht, und der rote Schriftzug über dem Eingang der Bar würde noch länger leuchten.

Hexenkessel.

Diesen Namen trug sie erst seit ein paar Jahren. Eine Idee des Hotelbesitzers Bernd Tremmel, nachdem die Walpurgisnachtpartys zu so einem Erfolg geworden waren.

Früher hatte sich nur die Dorfjugend am Fest beteiligt. Fast alle hatten mitgemacht und auf den Wiesen die Ausschussware der Sägerei gestapelt und angezündet.

Lisa hatte es gehasst.

Nicht die Feuer, die in der Dunkelheit auf den Hügeln loderten. Aber die betrunkenen, maskierten Männer, die sich einen Spaß daraus machten, die Leute zu erschrecken.

Auch in diesem Jahr würde sie während dieser Zeit in der Hotelküche schuften und, wenn möglich, auf dem Sofa im Büro übernachten, nur damit sie nicht nach Hause laufen musste.

Denn sie konnte sich nicht wehren.

Sie konnte nur hilflos um sich schlagen, wenn sie gepackt und mitgezerrt wurde.

Lisa war stumm.

Seit dem Tag vor dreizehn Jahren, als sie zusehen musste, wie ihr Vater starb. Zehn Jahre alt war sie gewesen, als sie so geschrien hatte, bis von ihrer Stimme nichts mehr blieb.

Mehrere Ärzte hatten sie untersucht, aber es gab keinen medizinischen Befund. Man wollte Lisa in eine psychiatrische Klinik überweisen.

Doch ihre Stiefmutter Rita Ferber war damit nicht einverstanden. Denn wer würde für die Kosten aufkommen?

„Die wird schon von selbst wieder reden, man muss dem Kind einfach Zeit geben."

Niemand hatte insistiert.

Aus dem Kind war eine junge Frau geworden, die immer noch schwieg. Viele im Dorf waren inzwischen der Meinung, dass Lisa seit damals nicht mehr ganz richtig war im Kopf.

Nun arbeitete sie seit ein paar Jahren in der Hotelküche, manchmal putzte sie auch die Zimmer. Sie war gewissenhaft und fleißig, die Seniorchefin Irmi lobte sie in den höchsten Tönen.

Vom Geld, das sie verdiente, gab sie das meiste zu Hause ab. Es stand nicht gut um den Hof, und nach Feierabend half sie ihrer Stiefmutter Rita. Der Frau, die das Unglück über sie gebracht hatte.

Mirko.

Er rührte keinen Finger, denn das hatte er nicht nötig.

Lisas Stiefbruder, gerade einunddreißig geworden, wurde von seiner Mutter vergöttert, sie verlangte nichts von ihm. Und er ging ja arbeiten.

Mirko war zuständig für den Betrieb und den Unterhalt der Sesselbahn im Ort. Ein leichter Job, der ihm viel Freizeit ließ, und sein Einkommen war kaum der Rede wert. Aber das brauchte ihren Bruder nicht zu kümmern. Er hatte ja seine Mutter. Rita gab ihm das Geld, das er benötigte, um sich ein schönes Leben zu machen.

Mit seinen Freunden, seinem Motorrad, Frauen und Drinks.

Es gab niemanden auf der Welt, den Lisa mehr hasste und verabscheute.

Mirko war ein Monster, das sie seit ihrer Kindheit quälte und demütigte. Sie behandelte wie ein Stück Vieh, mit dem man machen konnte, was man wollte.

Er war unberechenbar, bösartig.

Sie wagte es nicht, sich ihm zu widersetzen. Immer und immer wieder zermarterte sie sich den Kopf, wie sie dem ein Ende bereiten könnte. Ihm und den ganzen Schrecken endlich entkommen. Aber sie sah keinen Ausweg.

Mirko würde sie finden.

Und seine Drohung wahrmachen.

Die Glocke der Kapelle. Schon halb eins. Sie sollte jetzt endlich nach Hause gehen, damit sie genug Schlaf bekam. Am Morgen musste Lisa wieder sehr früh aufstehen. Das Hotel war rappelvoll, und auf der

Wiese neben dem Festzelt campierten auch schon ein paar Gäste, die versorgt werden wollten.

Langsam folgte sie der kleinen Straße, vorbei an den drei Ferienhäuschen, die im Abstand von fünfzig Metern auf den Wiesen standen. Vor dem letzten Haus blieb sie stehen.

Dem Bergdohlen-Haus.

In einem Zimmer unter dem Dach brannte ein kleines Licht. Lisa blickte hinauf.

Emely, dachte sie. Sie heißt Emely.

Sie hatte sie gesehen, als sie bei Monika die Hausschlüssel abgeholt hatte.

Emely.

Lisas Herz raste, und sie ballte die Fäuste.

Dann rannte sie die letzten zweihundert Meter bis nach Hause, als wäre der Teufel hinter ihr her.

Über den Tannen

Rita Ferber betrachtete ihren schlafenden Sohn. Mirko lag ausgestreckt auf dem Rücken auf dem Bett. Er trug noch die Kleidung, in der er gestern das Haus verlassen hatte. Seine Cowboystiefel lugten unter der Decke hervor, die halb am Boden lag. Sein Mund stand offen, und er schnarchte laut.

Wahrscheinlich ist er wieder betrunken gewesen.

Rita seufzte. Er trank gerne mal ein Glas zu viel, schon immer, aber im Moment war es besonders schlimm. All die jungen Leute, und vor allem die Frauen, die sich jetzt im Dorf herumtrieben und feierten. Schon mal vorglühten, wie sich das heutzutage nannte. Und Mirko feierte mit, er fand das die beste Zeit des Jahres.

Sie strich ihm die Haare aus dem Gesicht und streichelte seine Wange. Die Bartstoppeln knisterten unter ihrer Hand.

Was für ein hübscher Kerl.

Und ein schlechter Mensch.

Rita machte sich da nichts vor. Sie wusste, wie bösartig er sein konnte, wie grausam. Manchmal hatte sie sogar selbst Angst vor ihm. Aber was konnte sie tun, außer alles zu verdrängen?

Er war doch ihr Sohn.

Ihr einziges Kind. Und womöglich trug sie eine Mitschuld daran, dass Mirko so geworden war.

Er war ein süßes Baby gewesen mit diesem schwarzen Flaum auf dem Köpfchen und den dunklen Knopfaugen. Sie hatte sich sofort in ihn verliebt und gewusst, dass es richtig gewesen war, nicht abzutreiben.

Weil er unehelich war, sein Vater verschwunden, bevor Rita überhaupt gemerkt hatte, dass sie schwanger war. Er wurde zum Mittelpunkt ihrer Welt. Der einzige Grund, weshalb sie weitermachte. Dieses Kind gab ihrem Leben Sinn, doch sie hatte ihn nicht bei sich behalten können.

Ihre Eltern hatten den Jungen widerwillig bei sich aufgenommen, während Rita versuchte, eine vernünftige Arbeit zu finden. Einen festen Job, aber daraus war nie etwas geworden.

Rita musste sich weiter als Bardame durchschlagen, von Stadt zu Stadt tingeln, dahin, wo gerade jemand gebraucht wurde.

Dann hatte sie eine Stelle im Hotel Wildbach bekommen. Nur für eine Wintersaison, hatte sie gedacht und schon am ersten Abend heftig mit einem Polizisten geflirtet. Jürgen Ferber, verheiratet und nur wieder eine von unzähligen Affären. Aber er hatte einen Bruder.

Albert Ferber, der nach dem Tod seiner Frau seine kleine Tochter Lisa alleine großziehen musste. Es war wohl auf beiden Seiten keine echte Liebe gewesen, aber Rita hatte genug von dem Leben, das sie führte. Sie wünschte sich ein Zuhause, erhoffte sich eine bessere Zukunft, vor allem für ihren Sohn, den sie endlich zu sich nehmen wollte.

Mirko war schon mit elf Jahren verhaltensauffällig geworden. So hatte der Schulleiter das genannt, als er Rita zu einem Gespräch zitiert hatte.

Verhaltensauffällig.

Im Klartext hieß das, dass Mirko sich prügelte, seine Mitschüler bestahl und den Unterricht störte. Seine Noten waren ein Desaster. Von seinen Großeltern ließ er sich nichts sagen, sie wussten die meiste Zeit gar nicht, wo er sich überall herumtrieb.

Das wird sich ändern, hatte Rita damals gedacht. Wenn er einen Vater hat, eine kleine Schwester und eine Mutter, die sich um ihn kümmern kann.

Daran hatte sie tatsächlich geglaubt und Albert geheiratet. Sie hatte das Beste gewollt.

Doch ihr Traum von einer glücklichen Familie wurde zu einem Albtraum.

Mirko.

Du bist ein Teufel, und eines Tages werden wir büßen müssen, dachte Rita und beugte sich zu ihm. „Ich liebe dich, mein Junge“, flüsterte sie in sein Ohr.

Dann rüttelte sie ihn an der Schulter. „Steh endlich auf!“, sagte sie barsch. „Die Touristen wollen auf den Berg.“

Mirko stöhnte. Sein Schädel brummte, und das Letzte was er jetzt wollte, war, aus dem Bett zu kriechen.

Aber er wusste, sie würde nicht lockerlassen. Sie würde ihn so lange rütteln, bis er aufstand, und dann aus dem Haus scheuchen.

Seine Mutter.

Er öffnete die Augen und sah sie an. Rita. Er hatte sie nie anders genannt. Sich geweigert, sie Mama zu nennen, diese Frau, die ihn geboren hatte und die ihm immer fremd geblieben war.

Die um seine Liebe bettelte.

Früher war sie sehr hübsch gewesen. Ein tolles Weib, dem die Männer hinterhergestiert hatten. Sich um sie versammelt wie ein Rudel Hunde.

Bis zu ihrer Heirat mit seinem Stiefvater hatte er sie nicht oft gesehen. Wie ein fremdes Wesen war sie in der stickigen, winzigen Wohnung ihrer Eltern aufgetaucht. In ihrer aufreizenden Kleidung, stark geschminkt. Ihn gefragt, wie es denn in der Schule so lief, ihn gedrückt und geküsst und ihm tausende Male versichert, wie sehr sie ihn liebe. Er war immer froh gewesen, wenn sie endlich verschwand und nichts als eine Wolke aus Parfüm zurückließ.

Manchmal auch ein paar Scheine.

„Sag aber deinen Großeltern nichts davon“, hatte sie geflüstert und ihm zugezwinkert. Als ob sie eine verschworene Gemeinschaft wären. Natürlich hatte er nichts gesagt. Sein Großvater hätte sich die Kohle unter den Nagel gerissen und versoffen.

„Frühstück ist fertig, also los jetzt, steh endlich auf!“, sagte Rita und verließ das Zimmer.

Wie sie herumläuft! Mit hängenden Schultern und dieser dreckigen Hose, dachte Mirko angewidert. Aus dem feurigen Weib von damals war eine alte Frau geworden, die auf dem geerbten Hof schuftete bis zum Umfallen. Das Geld, das sie damit verdiente, reichte gerade so.

Wenn Lisa einwilligen würde, könnte seine Mutter den Hof verkaufen.

Und Lisa würde einwilligen, dafür würde er schon sorgen. Aber was brachte das?

Mirko hatte sich hier ein gutes Leben geschaffen. Sein eigenes Königreich. Und er hatte keine Lust, irgendwo neu anzufangen. Das Geld, das der Verkauf einbringen würde, wäre sowieso schnell wieder weg, und dann?

Ja, was dann?

Im Moment war es wohl doch besser so, wie es war. Solange Rita und Lisa arbeiteten, ging es ihm gut hier. Er konnte tun und lassen, was er wollte.

Und heute hatte er eine Menge zu tun.

Neue Gäste waren eingetroffen.

Weiber.

Und eine von ihnen wollte er sich jetzt näher ansehen.

„Siehst du? Kein Problem, passt alles rein.“ Cat hielt ihr triumphierend den Rucksack vor die Nase.

Emely seufzte. Der kleine Rucksack aus türkisblauem Leder war vollgestopft mit all den Dingen, die Cat für unverzichtbar hielt. Er sah aus wie eine verunglückte Bowlingkugel. Der versilberte Anhänger in Form einer Enzianblüte baumelte scheinbar anklagend in der Luft.

„Hier, du darfst ihn tragen. Du hast ihn ja schließlich auch bezahlt.“

„Na vielen Dank auch“, sagte Emely und warf ihn sich über die Schultern.

Sie hätte diese Farbe nie im Leben ausgewählt, aber Cat hatte darauf bestanden. Und einen Rucksack brauchten sie nun mal, sie konnten ja schlecht mit ihren Handtaschen auf eine Wanderung gehen.

Wanderung!

Emely konnte es noch immer nicht fassen, als sie Cat auf dem Weg zum Sessellift hinterher trottete. Wer hätte je geglaubt, dass ihre Freundin an so etwas Gefallen finden würde.

Wenn das nur gut geht!

Emely bedauerte, dass sie nicht auch noch richtige Wanderschuhe gekauft hatten. Sie sah auf ihre Füße, die in gewöhnlichen Turnschuhen steckten.

Keinen Zentimeter weichen wir vom Weg ab!

Sie sah sich um. Die ersten Frühlingsblumen reckten ihre Köpfe auf den Wiesen. Das Gras leuchtete im Sonnenlicht in einem beinahe unnatürlichen Grün. Die Tannen des nahen Waldes standen da wie gemalt, und neben dem schmalen Weg, plätscherte ein kleiner Bach.

„Sieht aus wie eine Filmkulisse, ist wahrscheinlich gar nicht echt!“, rief ihr Cat über die Schulter hinweg zu, als hätte sie ihre Gedanken gelesen.

Weiter unten konnte man schon ein paar Leute erkennen, die beim Kassenhäuschen der Sesselbahn ein Ticket lösten.

Also dann, rauf auf diesen Berg, dachte Emely seufzend und folgte Cat, die es plötzlich ziemlich eilig zu haben schien.

Als Emely außer Atem bei der Station ankam, hatte sich Cat schon in einen Sessel geworfen und wurde davongetragen. Vor dem Kassenhäuschen stand nur noch ein Mann mit einer Kappe, auf die das Logo der Bahn gestickt war.

„Ticket“, japste Emely und nahm den Rucksack von den Schultern. Ein einziges Chaos, typisch für ihre Freundin, es würde ewig dauern, bis sie den Geldbeutel finden würde.

„Ticket?“ Die Stimme klang tief. „So jemand wie du braucht doch kein Ticket.“

Irritiert blickte sie auf.

Der Mann, der sie unverhohlen von oben bis unten musterte, war etwa dreißig Jahre alt. Seine dichten, schwarzen Haare standen ihm wirr vom Kopf, als hätte er sich seit Tagen nicht gekämmt. Er war braungebrannt und mit seinen dunklen Augen bestimmt der Schwarm aller Frauen, die sich hierher verirrten.

Er war ihr vom ersten Moment an zuwider.

„So eine bezaubernde Schönheit“, sagte er grinsend, dann schlug er auf einen roten Knopf an der Wand.

Das Schwungrad blieb stehen, und die leeren Sessel baumelten in der Luft hin und her.

„Was hast du denn Schönes vor?“, fragte er und schob sich dicht an sie heran.

„Ist das nicht offensichtlich?“, erwiderte Emely genervt. „Ich möchte rauf auf den Hohenkamm.“

Wo zum Teufel ist denn dieser Geldbeutel? Da, endlich. Sie zog hastig einen Schein hervor.

„Ganz alleine? Hast du denn keine Angst?“

Emelys Wut wuchs. „Ich bin nicht alleine! Ich bin mit einer Freundin hier.“ Was ging das diesen Kerl eigentlich an, und wieso erzählte sie ihm das auch noch?

„Ach ja? Ist sie auch so süß wie du?“

Jetzt reicht es!

Emely machte einen Schritt zurück. „Was kostet die Fahrt? Ich muss los.“

„Meine Güte, ihr Mädels aus der Stadt seid immer so gestresst. Ständig in Eile!“ Er lachte. „Aber glaub dem weisen Mirko, wenn er dir sagt, nimm dir Zeit und finde heraus, wie man das Leben genießt. Ich könnte ja dabei helfen.“

Eigentlich hatte er nichts Anzügliches gesagt. Nichts Falsches. Aber *wie* er es gesagt hatte und wie er sie dabei angesehen hatte!

Emely hätte ihn am liebsten angespuckt.

Er schien zu merken, dass er eine Grenze überschritten hatte, und schlug mit der flachen Hand auf den roten Knopf.

Augenblicklich setzten sich die Sessel wieder in Bewegung.

Was dann passierte, überrumpelte Emely völlig.

Sie streckte ihm den Geldschein entgegen, aber statt ihn zu nehmen, packte er sie und hob sie ihn die Luft. Sie erschrak so heftig, dass sie keinen Laut von sich geben konnte. Er presste sie an sich, und sie konnte seinen Atem in den Haaren spüren.

Und seine Hände, die über ihren Hintern tasteten und tiefer zwischen ihre Beine rutschten.

Emely stieß einen Schrei aus, und im selben Moment gab er sie frei. Sie plumpste in einen der vorbeifahrenden Sessel und schwebte davon.

„Komm, sooft du willst!“, brüllte Mirko hinter ihr her. „Es kostet dich keinen Cent!“

Er sah ihr nach. Der Wind fuhr leicht durch ihre goldbraunen Haare. Sie drehte sich nicht mehr um.

Ihr Körper hatte sich gut angefühlt. Sehr gut sogar. Ein fester, kleiner Arsch in den Händen, mit dem man viel Spaß haben könnte. Aber das war es nicht, was Mirko so erregte.

Rita hatte sich nicht geirrt.

Sie war es.

Aber sie hatte ihn nicht wiedererkannt.

Wirklich nicht?

Er konnte sie in der Ferne immer noch sehen. Ein kleiner Punkt der über die Tannen schwebte.

So klein.

Und so verletzlich.

Mirko ballte die Fäuste.

„Warum bist du einfach ohne mich losgefahren?“, brüllte Emely und rannte zu Cat, die auf einem Felsstück in der Sonne wartete.

„Du meine Güte“, stammelte Cat. „Hast du etwa Ärger bekommen, weil ich ohne Ticket eingestiegen bin?“

„Nein, ich bin ja gar nicht dazu gekommen, etwas zu bezahlen!“ Emely war völlig aufgelöst.

Während der ganzen Fahrt hatte sie versucht, ihre Wut und den Ekel abzuschütteln. Sich irgendwie einzureden, dass es ja nicht so schlimm gewesen sei. Eine Bagatelle, völlig normal für diesen, diesen …

Es war ihr nicht gelungen. Noch immer konnte sie seine Hände spüren, seine kräftigen Finger.

„Dieses Schwein!“, schrie sie die Tanne an, die neben ihnen stand.

Cat zuckte zusammen. Es kam wirklich nur sehr selten vor, dass Emely die Beherrschung verlor. Laut wurde.

„Jetzt sag endlich! Was war da unten los?“

Emely musste sich zusammenreißen, um nicht in Tränen auszubrechen, als sie Cat davon erzählte.

„Warum hast du ihm nicht gleich eine gescheuert?“ Cat war außer sich. „Oder noch besser! Zwischen die Beine getreten?“ Im selben Moment bereute sie ihre Worte.

Denn Emely konnte sich nie zur Wehr setzen und musste sich deshalb manchmal mit Dingen herumschlagen, die Cat gar nicht erst passiert wären.

„Ach Emely“, seufzte sie und nahm ihre Freundin in die Arme. „Ich schwöre dir, wenn der mir über den Weg läuft, mache ich Hexenwurst aus ihm!“

Emely lächelte, und als sie Cats grimmige Miene sah, konnte sie nicht mehr anders und kicherte.

„Verdient hätte er es“, sagte sie und warf sich den Rucksack über die Schultern. „Aber komm, wir vergessen das jetzt und genießen die schöne Gegend. Los jetzt, du wolltest doch wandern.“

Sie studierten die Wegweiser und entschieden sich für eine Strecke, die in weiten Schlaufen wieder hinunter ins Dorf führte. Der Weg war bequem zu laufen und meistens so breit, dass sie nebeneinander gehen konnten.

Weiter unten wurde der Wald dichter, und außer dem Gezwitscher der Vögel, die anscheinend wichtige Gespräche über die kommende Brutzeit führten, war es ganz still. Kein Autolärm, kein Flugzeug, keine plappernden Menschen. Nur das leise Knirschen der Steinchen unter ihren Sohlen.

Es wirkte fast unwirklich. Hypnotisierend.

Nicht gut.

Emely konnte sich nicht erklären, weshalb, aber sie fühlte sich unwohl. Vielleicht lag es ja nur daran, dass ihr als Stadtmensch eine solche Ruhe völlig fremd war.

Der Wind fuhr leise flüsternd durch die Bäume.

Es fiel ihr plötzlich schwer zu gehen, so als wäre sie unter Wasser. Der Abstand zu Cat wurde größer.

Dieses Tier!

Emely blieb stehen und starrte es an. Verwittert, zerbrochen und von Moos überwuchert. Aber der gebogene Schnabel war noch gut zu erkennen.

Emely hatte das Gefühl, dass sich in ihrem Kopf irgendetwas verschob, als sie die Überreste der Eule betrachtete, die neben dem Pfad stand.

Etwa einen Meter hoch, aus einem abgesägten Stamm geschnitzt, war von dem Kunstwerk nicht mehr viel übrig. Wind und Wetter hatten es fast vollständig zerstört. Unzählige Käfer, die darin gehaust hatten. Würmer. Emely konnte die winzigen Löcher im Holz sehen, als sie sich vorbeugte.

Früher hast du schön ausgesehen, hell geleuchtet. Nackt und rein.

Sie wurde von einer solch abgrundtiefen Trauer erfasst, dass ihre Knie nachgaben und sie sich mit einer Hand an dem Vogel abstützen musste. Ein Holzsplitter bohrte sich in ihre Handfläche, spitz wie eine Nadel. Sie spürte es nicht.

Ich bin noch nie hier gewesen, ich weiß das.

Aber sie wusste noch etwas.

Der Wind wirbelte ihr die Haare vor das Gesicht. Genauso wie …

Emely ging in die Knie und pulte das Moos vom Stamm. An der Stelle, wo die Krallen der Eule sein mussten. Es fühlte sich feucht an, zäh, wie verrotteter Filz. Es schob sich unter ihre Fingernägel. Sie riss und zerrte, sie konnte nicht aufhören.

„Emely!“ Cat tauchte hinter ihr auf. „Was treibst du denn da? Plötzlich warst du verschwunden. Ich dachte, dass du mal kurz hinter die Büsche musstest, aber als du auf meine Rufe nicht geantwortet hast, bin ich umgedreht und … „

Emely blickte nicht auf.

Sie zupfte und schabte und ein kleines Stück des Stamms hatte sie bereits freigelegt.

„Jetzt hör aber mal auf mit diesem Unsinn!“

Cat packte sie am Arm und zog sie hoch. „Gleich da unten steht eine Bank, und dort können wir uns hinsetzen. Ich brauche jetzt dringend was zu futtern."

Emely ließ sich widerstandslos von ihr fortschleppen.

Sie hatte es gesehen.

Drei Buchstaben in den Stamm geritzt. Der erste war ein großes *E*.

E – wie Emely.

Geh fort

Am späten Nachmittag näherten sie sich wieder dem Dorf.

„Kannst du mir nachher dein Ladekabel fürs Handy leihen?“, fragte Emely und schabte an einem Grenzstein den Dreck von der Schuhsohle.

„Was? Wieso? Ich habe keines eingepackt, ich dachte, du hättest eines dabei.“

„Dasselbe dachte ich auch“, seufzte Emely. Schöne Bescherung. Es gab nicht viele, die sie hätten anrufen können. Trotzdem. „Dann gehe ich jetzt runter ins Dorf und schau mal in diesen Laden“, sagte sie. „Schlimmstenfalls frage ich im Hotel, ob sie uns eines leihen könnten.“

„Ja, mach das. Ich gehe inzwischen nach Hause, ich muss unter die Dusche, und ich muss mich noch …“

„Ja, ja, stylen für heute Abend!“, grinste Emely. „Und das wird wieder Stunden dauern.“

Cat bog herablassend winkend auf einen schmalen Trampelpfad ab. Eine Abkürzung zum Ferienhäuschen, vorbei an einer Wiese, auf der vier Kühe grasten und sie ignorierten.

Vor dem heruntergekommenen Hof, der etwa zweihundert Meter von ihrem Haus entfernt lag, scharrten ein paar Hühner im Dreck.

Puh, hier möchte ich aber nicht leben, dachte Cat, als sie daran vorbeilief.

Auf dem Vorplatz stapelten sich Holzkisten und feuchte Schachteln, die wahrscheinlich für Obst und Gemüse gebraucht wurden. Eine Schubkarre voller Mist stand vor der offenen Stalltüre, und irgendwelche landwirtschaftlichen Geräte, von denen Cat keine Ahnung hatte, wozu sie gebraucht wurden, lagen durcheinander auf einem Haufen.

Überall wucherte Unkraut, und die Fassade des Hauses, benötigte dringend eine Renovation. Ein breiter Riss im Verputz zog sich quer über die Vorderfront. Hinter den Fenstern hingen fadenscheinige Vorhänge, die die besten Zeiten lange hinter sich hatten.

„Was machen Sie hier?“

Die Frau war so plötzlich aufgetaucht, dass Cat erschrocken zusammenzuckte.

„Ich … ich …“

„Sie haben hier nichts zu suchen! Machen Sie, dass Sie fortkommen, aber schnell!“

Cat musterte die Frau, die sie grundlos anbrüllte. Anscheinend die Bäuerin, auch wenn sie nicht aussah, wie sie sich eine Einheimische vorstellte.

„Bitte entschuldigen Sie“, sagte Cat so freundlich wie möglich. Schließlich waren sie ja jetzt für kurze Zeit Nachbarn. „Ich wollte niemandem zu nahetreten. Und ich habe nirgends ein Schild gesehen, dass das ein privater Weg wäre. Ich bin auf dem Heimweg. Da!“ Sie zeigte mit dem Finger auf das Häuschen. „Wir sind also quasi Nachbarn. Darf ich mich vorstellen?“ Sie streckte der Frau die Hand hin.

Sie rührte sich nicht.

Sie stand einfach da, die Hände in die Taschen ihrer verbeulten Hose geschoben, und starrte Cat an. Den

Ausdruck in ihrem Gesicht konnte Cat nicht deuten. Wut, Angst, Hass?

Irritiert ließ sie die Hand sinken.

„Ich weiß schon, wer Sie sind", sagte die Frau, und jetzt klang ihre Stimme verbittert. „Und deshalb sage ich es Ihnen ganz deutlich: Scheren Sie sich zum Teufel!"

Die ist ja vollkommen irre, dachte Cat schockiert, während sie hastig davonlief.

Als sie sich kurz umdrehte, stand die Frau immer noch genauso da.

Dumme Kuh!

Cat war noch aufgebracht und bemerkte es erst im letzten Moment.

Auf dem Türvorleger.

Ihr rechter Fuß verharrte in der Luft.

Ein toter Vogel. Groß, mit schwarz glänzenden Federn und gebogenen Krallen.

Ohne Kopf.

Cat trat hastig einen Schritt zurück.

In ihrem Mund breitete sich ein säuerlicher Geschmack aus.

Nimm dich zusammen, dachte sie und beugte sich zögernd vor, um das Tier zu betrachten. Eine Katze, wahrscheinlich eine vom Hof dieser Irren, hat dieses Viech totgebissen und hergeschleppt. Na danke auch!

Ihr kamen Zweifel. Der Vogel, ziemlich sicher eine Krähe, war wirklich groß, und die Stelle, wo der Kopf abgetrennt worden war, sah nach einem sauberen Schnitt aus. Welche Katze würde das so glatt hinbekommen?

Ein dämlicher, böser Streich!

Sie sah sich um. Weit und breit war niemand zu sehen. Keine Kinder, die lachend hinter den Büschen hervorgekrochen kamen.

Emely durfte das auf keinen Fall sehen! Sie würde auf der Stelle abreisen.

Cat hielt sich eine Hand vor Mund und Nase, und mit der anderen fischte sie ein Papiertaschentuch aus der Jackentasche.

Sie bückte sich und zögerte. Wo sollte sie den Kadaver bloß anpacken? Schließlich wickelte sie das Taschentuch um seine Füße.

Die Krallen fühlten sich seltsam an. Warm und immer noch weich und biegsam. Also war der Vogel noch nicht lange tot.

Blut tropfte aus seinem Hals, als sie mit ausgestrecktem Arm über die Straße rannte und ihn samt dem Taschentuch so weit sie konnte in die Wiese warf. Würgend versuchte sie die Säure hinunterzuschlucken, die aus ihrem Magen stieg. Den beschmutzten Türvorleger drehte sie einfach um, sie konnte jetzt unmöglich noch das Blut auswaschen.

Ihr war übel, und sie taumelte ins Wohnzimmer.

Sie spürte es sofort.

Jemand ist hier!

Panisch sah sie sich um und lauschte.

Nichts. Hier unten war niemand.

Leise schlich sie die Treppe hoch, und ihr Herz klopfte, als die letzten Stufen laut unter ihr knarrten. Vorsichtig öffnete sie alle Türen und sah sogar unter den Betten nach.

Lächerlich.

Natürlich war da niemand, und alles wirkte so, wie sie es heute Morgen verlassen hatten.

Pure Einbildung.

Nein. Jemand war im Haus gewesen. In allen Räumen.

Cat konnte es riechen.

Die Sonne war hinter den Hügeln verschwunden. Emely sah sich verwirrt um.

Sie saß immer noch auf der Holzbank, die kurz vor dem Ortseingang am Straßenrand stand. Sie hatte sich mit einem Mal müde gefühlt und hingesetzt. Nur ganz kurz, hatte sie gedacht.

Bin ich tatsächlich eingenickt? Sie konnte es kaum glauben. Aber gut, schließlich war sie es ja nicht gewohnt, diese Überdosis von frischer Luft, und die Strecke die sie gelaufen waren, war auch nicht ohne.

Das Kabel! Hoffentlich ist der Laden nicht schon geschlossen.

Eilig lief sie ins Dorf. Vorbei an heimkehrenden Ausflüglern, von denen einige doch tatsächlich kostümiert und offenbar schon gut in Stimmung waren.

Emely schüttelte innerlich den Kopf. Sie konnte schon nicht begreifen, was die Leute an Fasching so trieben. Aber dieses Hexenfest?

Im Laden konnte man ihr nicht weiterhelfen. „Ladekabel führen wir nicht. Da müssten Sie bis nach Seltberg fahren.“

Auch das noch! Emely sah auf ihr Display. Bald würde ihr Handy in den Tiefschlaf fallen. Sie machte sich auf den Weg zum Hotel.

Irmi Tremmel saß in einem Sessel im Eingangsbereich des Hotels.

Ihrem Sessel.

Niemand von der Familie oder dem Personal würde es wagen, sich hierhin zu setzen. Und nichtsahnende Gäste, die darin verschnaufen wollten, ergriffen unter ihren vorwurfsvollen Blicken die Flucht.

Von diesem Platz aus sah Irmi, wer kam, wer ging und dank der breiten Glasfront beim Eingang auch, in welche Richtung.

Außerdem konnte sie ihre Schwiegertochter im Blick behalten, die zwischen Büro und Empfang hin und her wuselte.

Viel zu hektisch, fand Irmi. Trotzdem, Monika schmiss den Laden. Das würde sie ihr aber natürlich nie sagen.

Irmi drehte ihren Stock zwischen den Fingern. Er war mit Schnitzereien verziert, der Knauf war versilbert. Irmi brauchte ihn trotz ihrer gelegentlichen Beschwerden in der Hüfte eigentlich gar nicht. Aber sie hielt ihn gerne in den Händen. Er hatte ihrem verstorbenen Mann gehört.

Das war eine andere Zeit gewesen, als er noch gelebt hatte. Damals hatte sie die Gäste begrüßt und betreut. Viele waren es allerdings nicht gewesen. Jedenfalls nicht um diese Jahreszeit. Irmi verabscheute diesen Rummel um die Walpurgisnacht, und die meisten Gäste waren ihr zuwider, wenn sie ganz ehrlich war. Junge Leute, noch grün hinter den Ohren, die hier auf den Putz hauten.

Party machten, so nannte sich das ja heute.

Und mittendrin die esoterischen Hexen, die weiß gekleidet mit einer Gefolgschaft von Jüngern irgendwelches Brimborium veranstalteten. Aber wenn ihr Sohn diese Chance nicht genutzt hätte, wer weiß, ob es das Hotel noch geben würde.

Irmi seufzte. *Man muss nehmen, was man bekommt.*

Sie starrte auf die Schaufensterpuppe, die als Teufel verkleidet neben dem Eingang stand.

Scheußlich, einfach grauenhaft!

Und wie es erst unten in der Bar aussah! Als wäre man direkt in der Hölle gelandet. Und seit drei Nächten, seit das Festzelt aufgebaut worden war, wummerte die unerträgliche Stimmungsmusik jetzt von zwei Seiten bis hoch in ihr Zimmer unter dem Dach.

Irmi litt sowieso unter Schlafproblemen und musste sich jetzt auch noch das Gedudel anhören. Langsam konnte sie sämtliche Liedtexte auswendig.

Die Eingangstüre öffnete sich, und herein strömte eine Schar junger Frauen, die mit dem Shuttlebus angekommen waren. Hübsche, kräftige Mädchen, die man für diese Zeit engagiert hatte. Sie sollten im Zelt, in der Bar und in der Küche helfen. Mit ihrem Stammpersonal wäre der Ansturm nicht zu bewältigen.

Irmi musterte sie der Reihe nach.

Ja, hübsch waren sie alle. Ihr Sohn wusste, wen er engagieren musste. Noch trugen sie ihre eigene Kleidung, aber nach der Dienstplanbesprechung würden sie sich in Hexen und Teufelinnen verwandeln.

Also so ähnlich wenigstens. Irmi schnaubte.

Dieses junge Gemüse hatte keine Ahnung, wie die traditionellen Hexen aussahen. Die trugen kein solch billiges Polyesterzeugs, sondern bodenlange, geflickte Röcke aus dicker Wolle und kunstvoll geschnitzte Holzmasken.

Vor allem grob gewebte Blusen, aus denen keine Brüste quellen! Irmi schüttelte den Kopf.

Lisa gesellte sich zu den Aushilfskräften und wartete darauf, dass die Chefin ihr jemanden zuteilte, der sie in der Küche unterstützen sollte.

Armes Kind, dachte Irmi und beobachtete Lisa.

Aus ihr war eine aparte junge Frau geworden. Ihre weizenblonden Haare waren zu einem Zopf geflochten, der seitwärts über die linke Schulter fiel. Ein paar winzige Sommersprossen auf Nase und Wangen, ließen sie viel jünger wirken. Dreiundzwanzig Jahre alt war Lisa inzwischen und noch immer allein.

Die Männer sind doch alle Trottel, ärgerte sich Irmi. *Blind für das Schöne und Wertvolle, das direkt vor ihnen steht.* Alle hielten Lisa für dumm, nur, weil sie nicht sprechen konnte.

Irmi hatte ihren Vater Albert gut gekannt. Ein guter, fleißiger Mann, aber eben auch ein Trottel. Nach dem Tod seiner Frau war er alleine dagestanden mit der dreijährigen Lisa und hatte geglaubt, dass er schnell wieder heiraten müsse, damit das Kind wieder eine Mutter bekam.

Irmi zwirbelte den Stock zwischen den Fingern. Ein untrügliches Zeichen dafür, dass sie sich aufregte.

Er hätte doch warten können, dieser Dummkopf!

Es hätte Bessere gegeben. Hals über Kopf hatte er dieses Weib geheiratet, eine Bardame, Rita, die dann auch noch einen Sohn aus dem Hut gezaubert hat. Acht Jahre älter als Lisa und eine Ausgeburt des Teufels.

Irmi verzog den Mund. *Ja, der Mirko. Ein Teufel.*

Und Albert musste sich sieben Jahre lang, bis zu seinem Tod, mit ihm herumplagen. Ach, Alberts Tod.

Eine Tragödie war das gewesen, ein entsetzlicher Schicksalsschlag für Lisa, die seither kein Wort mehr gesprochen hatte.

Irmi hätte Lisa damals am liebsten zu sich genommen, weggeholt von Mirko und Rita, denen es anscheinend völlig egal gewesen war, wie es dem Mädchen ging. Aber ihr Mann, Gott hab ihn selig, hatte …

Lisas Augen weiteten sich, und Irmi reckte den Hals, um zu sehen, weshalb.

Die junge Frau, die das Bergdohlen-Haus gemietet hatte, kam zur Türe herein. Im Arm trug sie einen auffallenden blauen Rucksack, und ihre hellen Turnschuhe waren verdreckt. Offenbar kam sie von einer Wanderung.

Irmi rappelte sich aus ihrem Sessel auf. „Hallo Emely! Hatten Sie einen schönen Tag?“

Emely lächelte sie an. „Ja, vielen Dank, wir waren auf dem Hohenkamm. Es war sehr schön, aber jetzt bin ich doch etwas geschafft.“

„Sind Sie mit der Bahn hoch?“

„Ja, sonst wäre es zu viel geworden, gleich am ersten Tag.“

Na, dann kennst du unseren Dorfcasanova ja schon, dachte Irmi. Und ich wette, er hat es bei dir auch versucht.

„Ich wollte fragen, ob ich mir bei Ihnen ein Ladekabel ausleihen kann.“

„Da müssen Sie meine Schwiegertochter fragen, ich kenn mich mit solchen Sachen nicht aus. Monika? Monika könntest du …“

Monika Tremmel winkte Emely zu sich. „Nur noch einen kurzen Moment bitte“, sagte sie und wandte sich an die Aushilfen: „Jetzt sollte alles klar sein. Also umziehen, und dann an die Arbeit, meine Damen!“

Schnatternd verschwand die kleine Truppe, nur Lisa stand immer noch wie angewurzelt da und knetete die Hände.

„Ist noch was?“, fragte Monika.

Lisa schüttelte heftig den Kopf, und nun endlich gelang es ihr, den Blick von Emely zu wenden.

„Na dann geh, es gibt viel zu tun heute.“

Lisa zögerte immer noch, aber als sie die fragenden Blicke von Irmi und Monika bemerkte, lief sie davon.

Emely sah ihr nach. Dieser Zopf, geflochten in einem Ährenmuster, die Sommersprossen … Emely hätte sie gerne berührt.

Der Gedanke verwirrte sie.

„Bitte entschuldigen Sie“, sagte Monika. „Lisa ist manchmal etwas seltsam.“

„Ist sie nicht!“, fauchte Irmi und klopfte mit dem Stock auf den Boden. „Sie kann nicht sprechen, das ist alles.“

Monika zog den Kopf ein.

Emely verließ das Hotel. Sie hatte Glück gehabt. Tatsächlich hatte ein Gast ein passendes Kabel im Zimmer vergessen und es nie zurückverlangt. Monika hatte es aus einer Schublade gefischt, die angefüllt war mit Dingen, die keinen Besitzer mehr hatten.

Als Emely das Ende der Einfahrt erreichte, tauchte Lisa so plötzlich hinter einem Auto auf, dass sie zurückschrak.

„Lisa“, stammelte sie, „du hast mich erschreckt.“

Im gleichen Moment realisierte sie, dass sie die junge Frau einfach geduzt hatte. Es fühlte sich richtig an.

Lisa ergriff ihre Hand und sah sich nervös um.

„Was ist? Was …“

Emely spürte ein Stück Papier in ihrer Handfläche, und noch bevor sie etwas sagen konnte, rannte Lisa zurück ins Hotel.

Verwundert faltete Emely den Papierfetzen auseinander und las.

Du sollst nicht hier sein! GEH FORT!

Tanz mit dem Teufel

Wilf und Daniel saßen an der Bar und beobachteten Mirko, der eng umschlungen mit einer Hexe tanzte. Einer Hexe mit Minirock und Netzstrümpfen. Mirko trug kein Kostüm, sondern dunkelblaue Jeans und darüber ein weißes, weit aufgeknöpftes Hemd.

Er sieht wieder so gut aus, man könnte kotzen, dachte Wilf und bestellte sich ein weiteres Bier. Von den bunten Drinks, die schon in Reih und Glied hinter der Theke bereitstanden, wurde ihm übel.

Aber die Frauen, ja, die Frauen liebten dieses Gesöff. Und kicherten über die winzigen Besen, die anstelle von Rührstäbchen darin schaukelten.

„Wetten, er schleppt sie ab?", brüllte Daniel in sein Ohr.

Blöde Frage, natürlich.

Wilf machte sich nicht die Mühe zu antworten, denn das sollte Daniel ja klar sein. Sie waren alle drei etwa im gleichen Alter und schon lange befreundet.

Mehr oder weniger.

So, wie man mit einem Menschen wie Mirko eben befreundet sein konnte. Elf Jahre alt war er gewesen, als Mirko im Dorf aufgetaucht war. Ein blasser Junge in einer schwarzen Lederjacke und Schnürstiefeln. Kochend vor Wut, weil man ihn in dieses Kuhdorf verschleppt hatte. An den Arsch der Welt. Er fegte das Leben, das Wilf bisher kannte, wie ein Sturmwind fort.

Mirko hatte seinen Stiefvater vom ersten Moment an gehasst. Den fremden Mann, der ihm nun sagte, was er zu tun hatte, und ihn zum Arbeiten zwang.

Er hasste dieses kleine Mädchen, das nun seine Schwester war. Lisa, die ihm lächelnd ihren Teddy entgegenstreckte und nicht begreifen konnte, warum er ihn in den Mülleimer stopfte.

Am meisten hasste er seine eigene Mutter. Das hatte er Wilf erzählt, als sie sich zum ersten Mal gemeinsam hinter die Scheune verzogen, um zu rauchen.

„Sie ist nichts weiter als eine Hure, das musst du wissen", hatte Mirko gesagt. „Und jetzt hat sie sich an diesen Bauern verkauft – und mich gleich mit."

Wilf hatte schockiert die Augen aufgerissen. So hatte er noch niemanden über die eigene Mutter reden gehört. Aber er fand es cool, es wirkte abgeklärt und erwachsen. Und er fühlte sich geschmeichelt, dass dieser Junge aus der Stadt, der schon so viele Dinge erlebt hatte, ihn ins Vertrauen zog.

Ja, Mirko hatte schon einiges hinter sich, und nach und nach erfuhr Wilf immer mehr. Wilf war fasziniert, er fühlte sich von Mirko auf eine seltsame Weise angezogen. Wie in diesen Filmen, in denen sich die Helden mit Gewalt Respekt verschafften. Wilf hatte von ihm lernen können.

„Was ist los mit dir?" Daniel boxte ihn in die Seite und deutete auf die Tanzfläche. „Willst du es nicht auch versuchen? Sind doch genug Weiber da!"

„Keine, die mir gefällt", knurrte Wilf genervt. Sein Bierglas war schon wieder leer. Also noch eines.

Der DJ spielte ein langsames Stück und dimmte die Beleuchtung noch mehr. Ein fluoreszierendes Licht glitt über die Tanzfläche, und Mirkos Hemd strahlte in der Menge, als wäre es von innen beleuchtet.

Scheißkerl, dachte Wilf und drehte sich auf dem Barhocker um. Er wollte sich das nicht länger ansehen. Heute war wieder so ein Tag, an dem er den Moment verfluchte, in dem Mirko ihn zu seinem Sklaven gemacht hatte.

Falsch, er war freiwillig dazu geworden. Das war die bittere Wahrheit.

Weil es ihm Spaß gemacht hatte, weil es aufregend gewesen war, Grenzen zu überschreiten, sich einen Scheiß um Regeln und Verbote zu kümmern. Und weil er an Mirkos Seite plötzlich auch jemand war, den man ernst nahm.

Manchmal war etwas schiefgegangen. Na gut, was soll's. Die Prügel seines Vaters hatte Wilf weggesteckt, und gegen die Schmerzen hatte Mirko immer etwas in seinen Taschen.

Als Teenager war Mirko ständig ausgerissen und hatte sich alles Mögliche aus der Stadt besorgt. Er hatte immer noch Freunde dort. Manchmal verschwand er für zwei Tage, und mehr als einmal brachte ihn die Polizei nach Hause. Ein Wunder, dass sein Stiefvater ihn nicht verprügelte.

Die Polizei im Haus! Wilf zweifelte daran, dass er das überlebt hätte. Sein Vater konnte gar nicht mehr aufhören zuzuschlagen, wenn er erst einmal damit angefangen hatte.

Aber Mirko war schlau, nach einiger Zeit schien es so, als hätte er sich mit seinem neuen Leben abgefunden.

Wilf wusste es schon damals besser.

Niemand konnte Mirko an die Kette legen. Ihm Vorschriften machen oder zu etwas zwingen. Wilf wusste, Mirko hatte Pläne. Ein Ziel. Aber er konnte warten. Geduldig wie eine Katze vor dem Mauseloch lauern. Bis der richtige Moment kam. Und dann …

Jetzt gab es Dinge in Wilfs Leben, die er zutiefst bereute.

Die ihn noch heute in seinen Träumen heimsuchten.

Dabei war er ja selbst auch nicht gerade zimperlich. Aber es gab Grenzen. Grenzen, die er alleine niemals überschritten hätte.

Scheißkerl!

Aber Wilf schaffte es nicht, sich von Mirko zu lösen. Denn eigentlich hatten sie ja auch immer noch eine Menge Spaß zusammen.

Und gerade jetzt wäre die beste Zeit des Jahres dafür. Etwas Spaß zu haben.

Wilf stierte in den tiefen Ausschnitt des Mädchens hinter der Bar, das sich nicht daran zu stören schien und ihm lachend einen giftgrünen Drink vor die Nase knallte.

„Geht aufs Haus, du Griesgram!“ Sie kannten sich. Und er wusste, dass er es gar nicht erst bei ihr versuchen musste.

Er nahm das Glas und schnupperte daran. Es roch süßlich nach klebrigen Früchten, und er wollte verdammt sein, wenn er auch nur die Zunge darin badete.

„Kann ich auch so einen Drink bekommen?“

Wilf drehte den Kopf und war wie elektrisiert.

Was für ein Weib!

Sie war vielleicht Anfang zwanzig. Lange, schwarze Haare und an einer Seite, neben ihrem hübschen Gesicht, eine weiße Strähne. Schwarze, knallenge Jeans, ein Shirt mit einem Totenkopf und darüber eine Lederjacke.

Die ganzen Hexen konnten Wilf jetzt gestohlen bleiben.

„Hier“, sagte er und überreichte ihr das Glas. „Du kannst gerne meins haben. Ich mag das Zeug nicht.“

„Danke“, sagte die Schönheit und schenkte ihm ein Lächeln, das ihn ins Schwitzen brachte. Der DJ drehte voll auf.

„Möchtest du tanzen?“, schrie er durch den Lärm.

Er dachte an Mirkos Worte. *Lass ihnen keine Zeit, halt dich nicht mit Gequatsche auf. Zeig ihnen, was du draufhast. Sie kommen her, weil sie Spaß haben wollen, die Sau rauslassen. Und sorg für genügend Getränke!*

Wilf hatte vor, jetzt alle diese Ratschläge zu befolgen. Er würde heute nicht alleine nach Hause gehen.

Sie trank das Glas in einem Zug leer, knallte es auf den Tresen und zog ihn mit sich in die wogende Menge.

Sie hätte etwas mehr Fleisch auf den Rippen haben können, aber ihr Körper fühlte sich gut an. Und sie bewegte sich phantastisch.

Wahrscheinlich nicht nur auf der Tanzfläche!

Wilf presste sie an sich. „Wie heißt du denn?“, schrie er in ihr Ohr.

„Cat!“

Sie fragte nicht nach seinem Namen, und es war ihm egal. Sie brauchte ihn nicht zu wissen für das, was er mit ihr vorhatte. Vielleicht war das sogar besser.

Er sah sich um. Mirko war verschwunden. Vermutlich zusammen mit der Hexe in Netzstrümpfen.

Gut. Dann kommt er mir diesmal nicht in die Quere.

Wilf konnte stundenlang tanzen, Drinks spendieren und die ganze Vorarbeit leisten, aber wenn Mirko auftauchte und Interesse zeigte, ließen ihn die Weiber stehen wie Sperrgut.

Nach einer Stunde und drei weiteren Drinks war sein Hemd durchgeschwitzt, und er fand, dass es so langsam Zeit wäre, sich in eine ruhigere Ecke zu verziehen. Aber dieses Weib konnte nicht genug bekommen und zerrte ihn schon wieder vom Hocker.

„Was meinst du?“, fragte er und ließ die Hände über ihren Rücken gleiten. „Wollen wir nicht mal raus an die frische Luft?“

Cat bog den Kopf zurück und sah ihn an. Er konnte ihren Blick nicht deuten. War alles umsonst gewesen?

Er fühlte, wie er wütend wurde, und sein Lächeln gefror.

Verdammt!

Cat drehte sich um und zog ihn mit sich fort.

Na also. Wilf grinste zufrieden.

Sie zwängten sich Hand in Hand durch das Gedränge.

Oben auf der Treppe stand Lisa. Mitten im Weg, einen Eimer voller Eiswürfel in der Hand, starrte sie sie an, als hätte sie einen Geist gesehen.

„Was schaust du denn so? Lass uns durch!“ Wilf schubste sie zur Seite, ein paar Eiswürfel purzelten leise klirrend über den Eimerrand und kollerten die Stufen hinunter.

„Oh, tut mir leid“, sagte Cat im Vorbeigehen. Lisa packte ihre Hand, und Cat blieb verwundert stehen.

„Was ist denn?“, fragte sie.

Lisa warf Wilf einen Blick zu und schüttelte heftig den Kopf.

Ihr Zopf schwang hin und her.

Dieses Ährenmuster! Das muss das Mädchen sein, von dem Emely mir erzählt hat, dachte Cat. *Ja klar. Das Mädchen, das nicht sprechen kann.*

„Jetzt komm schon“, knurrte Wilf und zog sie die Stufen hoch. „Die ist nicht ganz richtig im Kopf.“

„Aber …“ Cat wäre fast gestolpert.

„Mach gefälligst deine Arbeit und verzieh dich in die Küche!“, brüllte Wilf über seine Schulter.

„Sie wollte mir etwas sagen.“

Wilf lachte. „Das kenn ich. Die gute Lisa macht andauernd ein Gesicht, als hätte sie etwas Weltbewegendes zu berichten. Aber mach dir keinen Kopf deswegen. Das hat nichts zu bedeuten.“

Vor dem Hotel stand eine Gruppe junger Leute und rauchte. Aus dem Festzelt schallte Partymusik, und ein als Teufel verkleideter Mann, kickte eine Bierdose über den Parkplatz. „Geile Party!“, brüllte er, und seine Begleitung johlte.

Wilf schlang einen Arm um Cats Taille und drehte mit den Fingerspitzen der anderen Hand ihr Gesicht zu sich.

Diese grünen Augen. Wahnsinn!

„Und was machen wir zwei jetzt Schönes?“, flüsterte er.

Wilf spürte, wie sie leicht zitterte. Aber er machte sich nichts vor. Es war inzwischen einfach nur kalt geworden.

„Machen? Meinst du vielleicht, dass wir noch ins Zelt rübergehen? Ich glaube, da ist auch noch richtig etwas los.“

Wilf hätte ihr am liebsten eine gescheuert.

Noch mal würde er sich jetzt nicht mehr auf einer Tanzfläche zum Idioten machen. Irgendwann musste Schluss sein mit dem Vorspiel!

„Ich wüsste da etwas viel Besseres.“ Er versuchte sie zu küssen, aber sie drehte den Kopf zur Seite. Ihre seidigen Haare glitten über seinen Handrücken, und jetzt war es zu spät.

Zu spät für SIE.

„Ich sollte jetzt nach Hause gehen“, sagte Cat und wand sich aus seiner Umarmung.

Miststück!

Aber er schaffte es, sie weiter anzulächeln. „Na schön, ich fahr dich. Wo wohnst du?“

Cat runzelte die Stirn. „Hast du nicht schon zu viel getrunken, um noch zu fahren?“

Wilf lachte und führte sie zum Parkplatz. „Darüber mach dir mal keine Sorgen, meine Süße. Der einzige Polizist, der hier herumgeistern könnte, ist der Stiefonkel meines besten Freundes. Und der hat schon bei ganz anderen Dingen weggeschaut.“

Nicht nachgefragt. Geschwiegen.

Wilf wollte nicht daran denken.

„Und bei was hat er ein Auge zugedrückt?“

„Vergiss es einfach“, sagte Wilf und öffnete ihr die Wagentüre.

Cat stieg ein und rümpfte die Nase. Am Rückspiegel baumelte ein gründgraues Duftbäumchen, aber es schien genauso alt wie das Auto. Es roch wie in einem schlecht belüfteten Keller. Nach Zigaretten und Bier. Durch die schmutzige Windschutzscheibe konnte man kaum etwas sehen.

Vielleicht war es keine besonders gute Idee, sich von diesem Typen mitnehmen zu lassen. Sie wollte gerade wieder aussteigen, als er neben ihr auf den Sitz plumpste, den Motor startete und lospreschte.

„Hey, nicht so schnell!“ Cat wurde regelrecht in den Sitz gedrückt.

„Hast du Angst, mein Mäuschen?“ Wilf lachte. „Keine Sorge, einen besseren Fahrer als mich findest du nirgends.“

Sie rasten am Ortsschild vorbei.

„Stopp! Halt an! Da hättest du links abbiegen müssen.“ Cat spürte ein Kribbeln im Magen.

„Ich bring dich ja gleich nach Hause, versprochen. Aber vorher muss ich dir etwas zeigen. Den schönsten Platz hier oben.“ Er legte ihr eine Hand auf den Oberschenkel.

Sollte das beruhigend wirken?

„Nimm die Hand weg!“, fauchte Cat.

Er gehorchte. „Was hast du denn plötzlich?“ Er klang beleidigt. Aber da war noch etwas.

Wut.

Wilf war einen Kopf größer als sie. Und seine Muskeln hatte sie beim Tanzen gefühlt. Sie hätte nicht die geringste Chance, sich gegen ihn zu wehren, falls er sie bedrängen würde.

Sie spürte die Hitze die von ihm ausging.

Mit einem Ruck blieb das Auto stehen, und Cat blinzelte verblüfft durch die Scheibe.

Es war traumhaft. Fast unwirklich schön.

„Na, habe ich es dir nicht gesagt? Der schönste Platz hier, und ich dachte mir schon, dass du den noch nicht kennst. Nun mach schon, steig aus!"

Vor ihnen lag ein Weiher, umrandet von Bäumen, die still über ihn zu wachen schienen. Auf dem dunklen Wasser spiegelte sich der Vollmond, und das Schilf am Ufer flüsterte leise.

Cat war hingerissen. Sie ging zu der kleinen sandigen Ausbuchtung, an der ein kurzer Steg aus dem Wasser ragte. Im Sommer wahrscheinlich der begehrteste Platz im Dorf.

„Wunderschön, nicht wahr?", flüsterte Wilf und legte ihr einen Arm um die Schultern. „So wunderschön wie du."

Das Gefühl von Harmonie und Reinheit, das Cat für einen Moment verspürt hatte, zersprang wie Glas.

Sie saß in der Falle.

Wie kann man nur so dumm sein!

Cat war wütend auf sich selbst. Warum nur war sie in dieses Auto gestiegen? Sie hätte es doch wissen müssen! Und hatte jetzt auch noch den Moment verpasst, wo sie hätte weglaufen können.

Sie hatte sich von dieser romantischen Kulisse ablenken lassen wie ein dämlicher Teenager!

„Hör zu", sagte sie so ruhig wie möglich und trat einen Schritt zurück. „Du bist ein netter Kerl, und es hat wirklich Spaß gemacht mit dir heute Abend. Aber jetzt ist es genug. Ich habe kein Interesse, verstehst du? Also bring mich bitte zurück."

Das hätte sie nicht sagen dürfen. Seine Augen funkelten zornig.

Noch ein Schritt zurück.

Er folgte ihr.

„Was glaubst du eigentlich, wer du bist?“ Die Wut in seiner Stimme lähmte sie. „Machst mich den ganzen Abend an, lässt dir die Drinks von mir bezahlen, und dann glaubst du, du könntest mich einfach so abservieren?“

„Jetzt hör mir doch mal zu. Du … wie heißt du denn eigentlich?“ Den Namen. Wenn sie ihn mit dem Namen ansprechen könnte, würde sie vielleicht zu ihm durchdringen.

„Meinen Namen willst du jetzt also wissen? Der hat dich doch bis jetzt auch nicht interessiert! Und mir ist schon klar, warum!“

Cat ging weiter rückwärts, aber er folgte ihr wie ein Spiegelbild.

„Weil du genauso bist wie all die anderen Schlampen, die hierherkommen. Weit weg von zu Hause, von Mann und Gören und eurem miefigen Leben, denkt ihr, ihr könntet hier machen, was ihr wollt. Die Männer verarschen, so wie es euch in den Kram passt! Aber mich verarscht keine von euch Schlampen! Nein, mich nicht!“

Cat drehte sich um und wollte weglaufen, aber er packte sie am Arm. Seine derben Finger umschlossen ihn wie einen dünnen Stock.

Er lachte. „Komm schon, ich tu dir nicht weh. Lass uns einfach ein wenig Spaß haben, und dann bringe ich dich nach Hause.“

Er zog sie an sich, und es war, als würde sie in einen Schraubstock geklemmt. Das Atmen fiel ihr schwer.

Er rieb das Kinn an ihrer Wange. Die Bartstoppeln kratzten über ihre Haut, und sein billiges Parfum stach ihr in die Nase und trieb ihr die Tränen in die Augen.

„Wirst sehen, danach schläfst du umso besser.“

Irgendetwas passierte in ihrem Kopf. Eine Explosion, die sich in grellen Farben ausdehnte und vor ihre Augen schob.

Da war nur noch Wut. Unbändiger Hass auf diesen Mann, der glaubte, sie benutzen zu können wie eine Puppe.

Ein Ding, auf das er ein Anrecht hatte!

Die gleißende Farbe in ihrem Kopf zentrierte sich in einem einzigen weißen Punkt, und sie spürte, wie sie ganz ruhig wurde.

Wilf sah auf sie hinab. Sie hatte die Augen geschlossen und hing widerstandslos in seinen Armen.

Er grinste. „Na also, jetzt hast du kapiert, was gut für dich ist."

Der Schmerz war so heftig, dass ihm die Luft wegblieb.

Cat hatte ihm das Knie zwischen die Beine gerammt. Wilf krümmte sich und gab sie frei. Cat stürzte rückwärts auf den Boden.

„Du verdammtes Miststück, du elende Hure!", schrie er und versuchte, nach ihr zu treten. Er schaffte es nicht, das Feuer zwischen seinen Beinen ließ ihn taumeln.

Cat robbte auf den Ellenbogen von ihm weg.

„Das wirst du büßen!", brüllte Wilf und humpelte ihr nach. Selbst wenn er vor Schmerzen kotzen müsste, er würde sie nicht entkommen lassen.

Das wird sie für den Rest ihres Lebens bereuen!

„Komm her, du Schlampe, dich mach ich fertig!" Er schaffte es, ihren Fuß zu packen, als sie nach ihm trat.

Hab ich dich!

Cat strampelte wie eine Katze vor dem Ertrinken, aber er ließ nicht los. Ihr Stiefelabsatz traf sein Knie, ein höllischer Schmerz, der ihn zur Raserei trieb.

„Dir wird ich's zeigen, du Drecksweib, ich bring dich um!" Der Speichel flog ihm aus dem Mund.

Er warf sich der Länge nach auf sie, und die Luft aus Cats Lungen entwich mit einem Schrei. Er packte ihre Arme und drehte sie nach hinten.

„Na, was machst du jetzt?", fragte er triumphierend und fuhr ihr mit der Zunge übers Gesicht. „Gefällt dir das? Ja? Sag schon! Oder findest du das schöner?"

Er legte ihr eine Hand um den Hals und drückte zu, während er ihr tief in die Augen sah.

Sein Gesicht war vor Wut verzerrt.

Er wird mich umbringen!

Sie würde hier sterben. Unter einem Himmel, an dem die Sterne kalt funkelten. In dieser Nacht und für alle Zeiten.

Cat versuchte röchelnd, seine Finger zu lösen, die ihr wie Eisenklammern um den Hals lagen. Er drückte nur noch fester zu, packte mit der freien Hand ihren Arm, und sie glaubte, er würde brechen.

Stöhnend riss sie ihn an den Haaren, aber er schien das gar nicht zu spüren. Der Kerl lag auf ihr wie ein Felsbrocken, sein Gewicht presste ihr die Rippen zusammen, und jeder Versuch, sich aufzubäumen, war sinnlos.

Die Sterne über ihr verblassten, und der Mond hatte sich in eine graue Scheibe verwandelt, die sich schnell verdunkelte.

Er redete die ganze Zeit auf sie ein. Beschimpfte sie, aber es klang wie aus weiter Ferne.

Ihre Arme fielen kraftlos zur Seite. Ihr Herzschlag dröhnte in ihren Ohren.

Etwas bohrte sich in ihren Handrücken. Kalt, scharfkantig und hart.

Schon fast bewusstlos, schlossen sich ihre Finger darum, und etwas tief in ihrem Inneren, etwas, das leben wollte, sammelte ihre ganze Kraft, hob den Arm und schlug zu.

Auf seine Stirn. Sie hatte ihn seitlich getroffen, und das Geräusch, als der Stein aufschlug, klang wie ein brechender Ast.

Seine Finger um ihren Hals lösten sich, und sein Kopf fiel auf ihre Schulter.

Cat rang hustend und keuchend nach Luft, ihre Augen tränten, als sie zum Mond aufblickte, der nun wieder hell leuchtete.

Weg hier! Schnell!

Panische Angst ließ ihr Herz rasen. Er würde wieder zu sich kommen und sein Werk vollenden.

Mit aller Kraft versuchte sie seinen leblosen Körper von sich zu schieben, nur ein kleines Stück, damit sie unter ihm hervorkriechen konnte. Sie schaffte es nicht, er war viel zu schwer, und sie stöhnte vor Verzweiflung. Kraftlos fielen ihre Arme zur Seite.

Sein Körper bewegte sich ruckartig auf ihr.

Er kommt zu sich!

„Oh Gott nein! NEIN! NEIN!“

Sein Kopf rutschte über ihre Brust, und nun begriff sie.

Wilf wurde von ihr heruntergezogen. Sie strampelte und stemmte ihre Stiefelabsätze in den Boden und robbte unter ihm hervor.

Keuchend starrte sie den Schemen an, der Wilfs Beine fallen ließ und beruhigend die Hände hob.

Eine Frau.

Cat rappelte sich auf. Sie schwankte vor Anstrengung, und es dauerte einen Moment, bis sie sicher auf den Füßen stand.

Lisa!

Es war Lisa, die ihr tröstend eine Hand auf den Arm legte.

„Oh mein Gott, Lisa!" Cats Stimme klang rau, wie nach einer schweren Erkältung. „Lisa, was machst du hier? Egal, komm los, wir müssen hier weg, schnell! Wenn er wieder zu sich kommt, dann wird er …"

Lisa schüttelte den Kopf und packte zu Cats Entsetzen die Schulter des Mannes und drehte ihn um.

„Was tust du denn …" Cat schnappte nach Luft.

Er war tot.

Seitlich an seiner Stirn klaffte ein Loch, aus dem ein dünner, roter Faden lief. Kaum zu erkennen. Nicht weiter schlimm.

Aber er war ohne Zweifel tot. Seine blicklosen Augen auf sie gerichtet.

Cat stieß einen entsetzten Schrei aus und taumelte zurück.

Ich habe ihn umgebracht! Oh mein Gott, ich wollte das nicht! Ich wollte ihn doch nicht umbringen! In ihrem Kopf schrie ein Chor von Stimmen durcheinander.

Ich wollte das doch nicht!

Doch, das wollte ich.

Auf einmal war alles still. Ihr Körper hörte auf zu zittern, sie war plötzlich vollkommen ruhig.

„Er hätte *mich* umgebracht. Er wollte mich vergewaltigen“, murmelte sie.

Lisa sah sie an, nahm ihre Hand und streichelte sie sanft.

Erst jetzt wurde Cat bewusst, wie kaltblütig Lisa reagierte. Sie hätte doch außer sich sein müssen, entsetzt? Im Mondlicht wirkte ihr Gesicht wie aus Stein gemeißelt.

„Hat … hat er dir auch etwas angetan?“

Lisa vollführte eine obszöne Bewegung und beugte sich über ihn.

Und spuckte ihn an.

Cats Magen krampfte sich zusammen. „Ich verstehe. Bist du mir deshalb gefolgt? Weil du gewusst hast, was er vorhat? Wie bist du überhaupt hierhergekommen?“

Lisa deutete auf ein Fahrrad, das ein paar Meter weiter im Gras lag.

„Ich muss die Polizei rufen“, sagte Cat, und im gleichen Moment wurde ihr übel. Sie rannte zum Weiher und übergab sich. Sie würgte und spuckte, bis nur noch bittere Galle in ihrem Hals brannte. Erschöpft ließ sie sich in Gras fallen.

Lisa setzte sich neben sie und reichte ihr ein Taschentuch.

„Danke“, flüsterte Cat. „Danke, dass du hier bist.“

Lisa nahm sie in die Arme, und dann weinten sie beide.

„Ich habe kein Handy dabei“, stammelte Cat schließlich und schob das Mädchen von sich weg. Die Frage, ob Lisa eines hatte, erübrigte sich. „Ich muss ins Dorf zurück und von dort die Polizei anrufen.“

Lisa schüttelte heftig den Kopf.

„Doch, das muss ich tun. Verstehst du das nicht? Ich habe jemanden umgebracht, und selbst wenn er ein Schwein gewesen ist, muss ich …“

Lisa sprang auf. Cat sah ihr schockiert zu, wie sie seine Beine packte und ihn zum Steg zerrte.

„Was tust du denn?“ Sie eilte zu ihr.

Lisa deutete auf das Wasser.

„Du willst ihn da hineinwerfen?“ Noch während sie fragte, fühlte sie, dass das richtig war.

Wieso sollte sie sich wegen dieses Dreckskerls in Schwierigkeiten bringen lassen? Man würde sie verhaften, auch wenn es Notwehr gewesen war. Verhaften und in eine Zelle sperren. Vor einen Richter schleppen, der dann vielleicht auch noch ihr die ganze Schuld geben würde. Weil sie mit ihm getanzt und getrunken hatte. Mit ihm an diese einsame Stelle gefahren war.

Cat starrte in sein bleiches Gesicht. Eine hässliche Fratze. Ein ordinäres Monster. Sie konnte nicht mehr verstehen, weshalb sie sich überhaupt mit ihm abgegeben hatte. Wenn er am Leben geblieben wäre, würde er es wieder tun. Mit ihr oder einem anderen Mädchen, das nicht entkommen konnte.

Es gab keinen Grund, für dieses Scheusal den Kopf hinzuhalten und ins Gefängnis zu gehen.

Und Emely wäre dann ganz allein! Das durfte nicht passieren.

„Also los!“, murmelte Cat.

Gemeinsam schleiften sie ihn bis zum Ende des Stegs. Cat wollte ihn schon ins Wasser rollen, aber Lisa hielt sie zurück.

An der Seite des Stegs ragte ein zerfranster Holzpfahl über die Planken. Lisa packte ihn an den

Haaren, zielte, und dann schlug sie seinen Kopf auf den Pfahl. Genau an der Stelle, an der ihn Cat mit dem Stein getroffen hatte.

Cat war fassungslos. Nun würde es so aussehen, dass er hier gestürzt und ins Wasser gefallen war.

Wie konnte jemand dieses Mädchen für dumm halten? Aber die Frage war wohl eher, was hatte Lisa schon alles durchgemacht, dass sie so geworden war?

Cat war sich nicht sicher, ob sie das tatsächlich wissen wollte.

Sie nickte Lisa zu, und gemeinsam rollten sie den Leichnam ins Wasser und beobachteten, wie er langsam davontrieb und schließlich in der Tiefe versank. Kleine Wellen kräuselten über das Wasser.

Cat verspürte keinerlei Schuldgefühle, sie fühlte gar nichts mehr, ihr Körper war nur noch eine leere Hülle. Sie stand einfach nur da und sah zu, wie sich die Oberfläche des Wassers wieder beruhigte.

In der Ferne heulte ein Motor auf, und Lisa packte sie an den Armen und schüttelte sie.

„Ja, wir müssen hier verschwinden", murmelte Cat.

Auf dem Weiher spiegelte sich nun wieder der Himmel. Kleine, im Mondlicht weiß schimmernde Wölkchen zogen darüber hinweg wie seltsame Fische. Es fiel ihr schwer, sich davon zu lösen.

Lisa fuchtelte mit den Händen und scheuchte sie vorwärts.

„Schon gut, ich geh ja schon!"

Cat war überrumpelt von der Vehemenz, mit der Lisa sie vorwärtstrieb. Als wolle sie Cat nicht nur weg von diesem Weiher scheuchen, sondern … aus ihrem Leben.

Das kann ich gut verstehen, dachte Cat voller Trauer. Ich habe dieses Mädchen in ein Verbrechen verwickelt. Völlig natürlich, dass sie nichts mehr mit mir zu tun haben will. Ganz sicher bereut sie längst, dass sie mir geholfen hat.

Mit gesenktem Kopf folgte sie Lisa, die ihr Fahrrad bis zur asphaltierten Straße schob. Bevor sie davonfuhr, wedelte Lisa noch einmal nachdrücklich mit der Hand, und der Ausdruck in ihrem Gesicht, ließ keine Zweifel zu.

GEH FORT!

Irmi lag in ihrem zerwühlten Bett und raufte sich die Haare. Es musste inzwischen fast drei Uhr morgens sein, und sie hatte noch kein Auge zugetan.

Zum fünften Mal an diesem Abend hallte aus dem Festzelt dasselbe Lied.

„Taaaanz mit mir ums Feuer! Taaanz mit mir ins …"

Ein dämlicher Text, der Irmi langsam, aber sicher in den Wahnsinn trieb.

Noch einmal, und ich geh rüber und zieh diesem Idioten eines mit dem Stock über den Schädel!

Natürlich würde sie dem eigens engagierten DJ kein Haar krümmen, aber allein die Vorstellung beruhigte Irmi ein wenig. Und in ein paar Tagen würde Ruhe einkehren und nichts mehr an diesen Irrsinn erinnern. Außer der zertrampelten Wiese und gut gefüllten Kassen.

Unten auf dem Parkplatz lachten und kreischten ein paar junge Leute, die sich nun anscheinend doch entschlossen hatten, nach Hause zu gehen. Ein tiefes Brummen übertönte ihr Gelächter. Irmi musste nicht einmal aus dem Fenster schauen, um zu wissen, wer das war.

Mirko, der mit seinem schweren Motorrad eine Show abzog, breitbeinig im Sattel thronte wie auf einem Elefantenrücken und den Motor aufdrehte. Irmi hörte, wie er laut lachte.

Ja, Mirko musste sich keinerlei Sorgen machen. Selbst wenn tatsächlich einmal die Polizei auftauchen sollte, wäre er ziemlich sicher der Einzige, der nicht in ein Röhrchen pusten musste. Sein Stiefonkel Jürgen war hier die Polizei und würde dafür sorgen.

Ob er wohl immer noch in Mirkos Mutter verliebt ist?, sinnierte Irmi. *Früher war er das –und wie*! Jürgen hatte Rita angebetet, sich in ihrer Nähe benommen wie ein dummer Schuljunge, und bestimmt hatten sie auch etwas miteinander gehabt. Ganz sicher.

Irmi erinnerte sich gut an Jürgens Gesicht, als Rita damals seinen Bruder Albert geheiratet hatte. Er hatte kaum ein Wort gesagt während der kleinen Feier, unten, im festlich geschmückten Saal des Hotels.

Hatte dagesessen, als hätte er einen Stock verschluckt!

Neben seiner Frau, die keine Ahnung zu haben schien von seinem Techtelmechtel mit ihrer neuen Schwägerin. Ob das hinter ihrem und Alberts Rücken dann so weitergegangen war?

Irmi war sich da sicher, auch wenn es nie, aber wirklich nie einen Beweis dafür gegeben hatte. Und die kleine Lisa …

Irmi setzte sich auf. *Hoffentlich ist alles in Ordnung mit ihr!*

Monika hatte nach ihr gesucht. Lisa hatte den Eimer mit den Eiswürfeln auf der Treppe zur Bar stehen lassen und war verschwunden.

Einfach so.

Das hatte sie noch nie getan.

Monika hatte dann gemeint, dass Lisas Schicht ja schon lange vorbei sei und sie schließlich auch nicht dazu verpflichtet sei, sich abzumelden.

„Wahrscheinlich hatte Lisa einfach die Nase voll", hatte ihre Schwiegertochter geseufzt und dabei ein Gesicht gezogen, als würde sie auch am liebsten die Flucht ergreifen.

Hoffentlich war das wirklich der Grund, dachte Irmi und drosch auf das Kopfkissen ein, damit es wieder ein wenig in Form kam. Wenn sie morgen nicht pünktlich zur Arbeit erscheint …

Irmis Kopf sank auf das Kissen, und sie hörte nicht mehr, dass wieder dieses dämliche Lied gespielt wurde.

Mirko hielt vor dem Bergdohlen-Haus und starrte auf die dunkle Fassade. Das Motorrad gab dieses gleichmäßige, tiefe Brummen von sich, das er so liebte.

Na, schläfst du schon? Hattest du Spaß mit Wilf? Habt ihr es in seiner alten Karre getrieben?

Hier drin sicher nicht.

Wilf würde keinen Fuß in dieses Haus setzen, das wusste Mirko. Man müsste ihn schon bewusstlos schlagen und reintragen.

Diesen Idioten!

Mirko war schockiert gewesen, als er gesehen hatte, wie sich die beiden Hand in Hand aus dem Staub machten. In seinen wildesten Träumen hätte er sich nicht vorstellen können, dass sie mit ihm ging.

Was sollte das?

Er war sich sicher. Sie war nicht einfach hier, um die schöne Gegend zu bewundern und Party zu machen. Sie hatte irgendetwas vor, das kaltblütige Miststück!

Etwas, das ihm ganz bestimmt nicht gefallen würde!

Er ließ den Motor aufheulen.

Pass auf, was du tust, du Hexe! Leg dich nicht mit mir an!

Mit Vollgas brauste er davon.

„Jetzt komm schon her! Ich tu dir doch nichts."

Neinneinnein.

„Lass sie in Ruhe!"

Ja, bitte hilf!

„Du musst diese nasse Hose ausziehen, komm, ich helfe dir!"

Nein, nicht! Nicht anfassen, bitte.

„Hör auf! Lass uns lieber überlegen, was wir jetzt machen, verdammte Scheiße!"

„Willst du so rumlaufen? Mit dieser vollgepissten Hose? Schäm dich!“

Weg! Die Hexe soll weggehen!

„Hast du jetzt völlig den Verstand verloren? Hörst du mir eigentlich zu? Mein Gott, ich ...“

„Halt endlich die Schnauze! Kapierst du nicht, worum es hier geht?“

Sie kommt immer näher. Nein! Die Hexe will mich ...

„Nicht schreien, hörst du? Verflucht noch mal, hör auf zu schreien und KOMM ENDLICH HER ZU MIR!“

Lisa

Sie saß auf der wackeligen Holzbank vor dem Haus. Die Morgendämmerung schlich sich über die Hügel, und in den knorrigen Ästen des Nussbaums erwachte tschilpend ein Spatz. Lisa verkroch sich noch tiefer in ihre Jacke. Der Baum war alt, sehr alt, ihr Urgroßvater hatte ihn für seinen Erstgeborenen gepflanzt. Jetzt wucherten graue Moosflechten über den Stamm und die morschen Äste, aber noch immer lagen im Herbst ein paar Nüsse im Gras. Die meisten waren ungenießbar. Die Schalen beschädigt. Die Kerne schwarz und verschrumpelt.

Alles hier verfiel und faulte. Als wütete seit dem Tod ihres Vaters eine böse Krankheit an diesem Ort. Ihrem Zuhause, das längst zu einem Gefängnis geworden war.

Eine grau getigerte Katze zwängte sich durch den Spalt des Scheunentors. Minka. Lisa nannte sie in Gedanken Minka. Rita und Mirko hielten es nicht für nötig, einem Tier einen Namen zu geben.

Lisa schnippte mit den Fingern, und die Katze lief mit hoch erhobenem Schwanz zu ihr. Schnurrend rieb sie das Köpfchen an Lisas Beinen. Lisa bückte sich und kraulte ihre Ohren, das mochte Minka besonders gerne. Sie ließ sich von niemandem sonst anfassen, eine Wahl, die Lisa nicht hatte.

Lisa gab ein summendes Geräusch von sich und wusste, dass die Katze sie verstand.

Hast du oben im Heu übernachtet? Ja, sicher hast du das. Das ist der schönste Platz hier. Duftend, weich und dunkel, und niemand kann dich finden, dort ganz hinten in der Ecke zwischen den Balken.

Als Kind hatte Lisa hatte sich oft dort verkrochen, und am liebsten hätte sie sich jetzt auch dahin geflüchtet. Aber das durfte sie nicht. Sie musste sich ganz normal verhalten, ihre Arbeit verrichten, so, wie sie es immer tat.

Wilf ist tot.

Er ist tot.

Nie wieder kann er mich anfassen! Mich zwingen.

Immer wieder drehte sie diese Gedanken in ihrem Kopf hin und her wie einen Würfel und wartete auf ein Gefühl von Erleichterung. Darauf, dass die Angst in ihrem Herzen verschwand.

Vergeblich. Denn sie war trotzdem nicht frei. Vielleicht würde sogar alles noch schlimmer werden.

Lisa war in der Nacht ins Bett gekrochen, zuerst ganz gefasst und ruhig, als hätte man sie in Watte verpackt. Aber dann überschlugen sich die Gedanken und verwandelten sich in eine Lawine aus Panik und Entsetzen, die sie unter sich begrub.

Sie hatte sich im Bett gewälzt, in Schweiß gebadet, und als sie schon gedacht hatte, den Verstand zu verlieren, war sie doch eingeschlafen.

Und öffnete im Traum die Augen.

Sie stand auf dem Steg am Weiher. Das Holz unter den nackten Füßen fühlte sich seltsam feucht und weich an. Sie kniff die Augen zusammen, und da erkannte sie, dass es grauer Schlamm war, in dem sie immer tiefer versank. Panisch versuchte sie die Beine zu heben, fortzulaufen, aber mit schmatzenden Geräuschen schob sich die trübe Masse immer höher.

Lisa öffnete den Mund, versuchte zu schreien, aber wie schon seit langer Zeit brachte sie keinen Ton zustande. Klebriger Schweiß lief ihr über die Brust, als sie verzweifelt mit den Armen ruderte, um dem Sumpf zu entkommen.

Es war dunkel, kein Stern leuchtete am Himmel, und die Bäume standen wie schwarze Mauern um den Teich.

Kein Mensch war zu sehen, niemand würde ihr helfen. Das Gefühl völliger Einsamkeit und Hilflosigkeit schnürte ihr die Luft ab.

Und da begriff sie.

Es ist nur ein Traum! Es ist derselbe Traum, der mich schon seit Jahren verfolgt. Ich muss aufwachen. Ich muss einfach nur die Augen öffnen!

Die Wasseroberfläche kräuselte sich. Aus der Tiefe stiegen Luftblasen.

Es ist doch kein Traum!

Das Entsetzen lähmte sie. Lisa wusste, was jetzt da aus der Tiefe steigen würde.

Nein! Nein! Nein! Er ist tot!

Sie musste fliehen, sofort. Diesen Anblick konnte sie nicht verkraften.

Sie versuchte, die Beine zu bewegen, sich mit den Händen aus dem zähen Schlamm zu stemmen, der ihr nun bis an die Hüfte schwappte.

Es war sinnlos. Sie wurde mit jeder Bewegung immer tiefer eingesogen.

Lisa schloss erschöpft die Augen. Ganz in ihrer Nähe brodelte das Wasser, als würde der Teich an dieser Stelle kochen. Als hätte das, was von seinem Grund aufstieg, eine ungeheure Hitze entfacht.

Wilf, sie konnte ihn atmen hören. Nah an ihrem Ohr. Und dann flüsterte er.

„Schau an, die kleine Lisa ist zu mir zurückgekommen. Hast du mich so vermisst? Ich habe dich auch vermisst, mein Schätzchen, es war doch immer schön mit uns beiden."

Kleine Wellen plätscherten um Lisas Schultern. Hilflos steckte sie wie eingemauert fest.

Aber egal, was nun geschah. Sie würde die Augen nicht öffnen. So wie früher, wenn er sie in seiner Gewalt hatte, sie würde die Augen geschlossen halten.

Schwer wie ein Stein, legte sich etwas auf ihren Nacken. Seine Hand.

„Komm, wir suchen uns ein stilles Plätzchen." Lisa konnte die Hitze, die von ihm ausging, auf dem Gesicht spüren.

„Was ist, magst du mich nicht mehr? Sag schon! Los sag!"

Er brüllte ihr ins Ohr. Seine Stimme hallte in der völligen Leere in ihrem Kopf. Es war, als hätte sie sich aufgelöst vor Angst und Ekel.

„Schau mich gefälligst an, du kleine Nutte, wenn ich mit dir rede! SCHAU MICH AN!"

Lisa riss die Augen auf und begann zu schreien.

Es war nur ein Albtraum gewesen, aber Lisa konnte seine Hand im Nacken immer noch spüren, als sie endlich erwachte. Mit aufgerissenem Mund auf ihrem Bett sitzend.

Habe ich wirklich geschrien?

Ihre Stimmbänder fühlten sich so an. Rau und verletzt. Zitternd hatte sie mit beiden Händen ihren Hals umfasst und es versucht.

Zu schreien, zu rufen, nur ein kleines Wort über die Lippen zu bringen.

Sie konnte es nicht. Weinend war sie in ihre Jeans geschlüpft, hatte die Steppjacke gepackt und war aus dem Haus geflüchtet. Sie war nur bis zu der Holzbank gekommen. Dann hatte sie sich setzen müssen, um darauf zu warten, dass ihr Herz aufhörte zu rasen.

Minka riss sie mit ihrem klagenden Miauen aus ihren Gedanken. Es war schon fast hell geworden.

Ich muss sie füttern, dachte Lisa, *und den Hühnerstall öffnen. Frühstück machen und die Kühe* ...

Sie rappelte sich auf. Es fühlte sich irgendwie tröstlich und beruhigend an, über die alltäglichen Dinge nachzudenken und sie zu verrichten.

So normal!

Rita beobachtete, wie Lisa den Tisch deckte. Drei Teller, drei Tassen. Das dritte Gedeck war für Mirko und würde wahrscheinlich am Mittag noch dort stehen. Unbenutzt.

Er war spät nach Hause gekommen. Rita hatte das Motorrad gehört und das Knirschen der Metallrollen, als er das Scheunentor aufgeschoben hatte.

Mirko konnte noch so betrunken sein, aber sein heiß geliebtes Motorrad würde er niemals draußen stehen lassen. Er behandelte diese Maschine, als handle es sich um ein lebendes Wesen. Fast zärtlich.

Eine Seite, die er sonst nie zeigte. Bei nichts und niemandem. Schon gar nicht ihr gegenüber.

Rita fragte sich manchmal, ob Mirko überhaupt fähig war, irgendwelche Gefühle zu empfinden, außer für sich selbst natürlich. Wahrscheinlich nicht, und sie fühlte sich schuldig. Weil sie ihn als Kind allein gelassen hatte. Abgestellt bei ihren Eltern wie einen lästigen Koffer, den sie nicht mit sich schleppen wollte.

Bei ihren Eltern. Ausgerechnet.

Dabei hatte sie aus eigener Erfahrung gewusst, dass die sich nicht groß kümmern würden. Für ihre Eltern reichte es, wenn Kinder etwas zum Anziehen und zu essen hatten. Damit war die Pflicht erfüllt. Was Mirko die ganze Zeit trieb, welchen Umgang er hatte, war ihnen egal gewesen, solange nicht die Polizei vor der Tür stand.

Aber was hätte sie tun können? Das Kind in ein Heim geben, hätte sie niemals übers Herz gebracht. Und wer weiß, vielleicht hätte man ihn ihr sogar weggenommen?

Jahr für Jahr hatte sich ihr Sohn weiter von ihr entfernt. Die Verbindung zwischen ihnen wurde brüchig, zerfranste wie ein morsches Seil. Bis sie eines Tages in die Augen eines frühreifen Jungen gestarrt hatte, der keine Ähnlichkeit mehr hatte mit dem Kind das sie geboren hatte. Abweisend, voller Verachtung.

Die Hochzeit mit Albert war eine Flucht nach vorne gewesen, ein Strohhalm, an den sie sich voller Hoffnung geklammert hatte.

Albert hatte sich wirklich Mühe gegeben mit ihm. Hatte so getan, als sähe er den Hass in seinen Augen nicht. War dem Jungen mit Freundlichkeit und Geduld begegnet, aber an Mirko prallte alles ab wie Regen von einer Glasscheibe.

Dass Mirko seine Lehre als Schlosser abgebrochen hatte, war nicht der Grund gewesen, dass Albert plötzlich andere Saiten aufzog. Er war ihm aufgefallen, dass mit Lisa etwas nicht stimmte.

Albert war ein einfacher Mann, der sich aufrieb, um die Existenz des Hofs zu sichern. Der nebenbei noch in der Sägerei arbeitete, weil das Geld hinten und vorne nicht reichte. Er hatte keine Zeit, sich um seine Tochter zu kümmern, aber der Verdacht, dass Mirko sie schikanierte, ließ ihn nicht mehr los. Er hatte ihn nie dabei erwischt. Aber er war sich sicher, Mirko steckte dahinter, dass das Mädchen immer stiller und ängstlicher wurde.

Und für Albert gab es da nur eine Lösung: Mirko sollte mehr mithelfen, arbeiten, dann würden dem Jungen die Dummheiten vergehen.

Es hatte Streit gegeben. Der sanfte, geduldige Albert wurde plötzlich laut, und Rita stand zwischen ihm und ihrem Sohn. Natürlich ließ sich Mirko von Albert gar nichts sagen, und die täglichen Reibereien zwischen den beiden Männern wurden immer zermürbender.

Zorn und Wut stauten sich im Haus wie dicker Rauch. Als Rita schon glaubte, daran zu ersticken, geschah der Unfall.

Und danach wurde es ruhig. Still.

Lisa sprach nicht mehr, und Mirko lebte von diesem Moment an sein Leben, so, wie er es wollte. Aber noch immer gab es in diesem Haus keinen Frieden, kein Glück.

Lisa schenkte ihr Kaffee ein, und Rita bedankte sich geistesabwesend.

Es war seltsam. So sehr sie sich immer nach der Liebe und Zuneigung ihres Sohnes sehnte, empfand sie für dieses Mädchen gar nichts. Lisa war da wie der Hof und die Tiere, von Anfang an. Sie hatte immer gut für sie gesorgt, was hätte sie denn auch anderes tun sollen? Aber Lisa war nicht ihre Tochter, und so sehr Rita sich damals bemüht hatte, für das kleine Mädchen eine Mutter zu sein, sie konnte es nicht. Es war kein Platz mehr da zwischen ihr und Mirko.

Das Telefon schrillte, und Lisa reichte es ihr.

„Ferber?"

Im ersten Moment verstand Rita nicht, worum es ging. Mirkos Chef brüllte ins Telefon und redete wie immer im Kreis herum.

„Mirko hat doch heute Morgen frei, soviel ich weiß?", versuchte sie seinen Redeschwall zu unterbrechen.

Hoffnungslos.

„Ich geh und wecke ihn", sagte sie resigniert und legte auf.

Diesmal hatte sich Mirko wenigstens ausgezogen, bevor er ins Bett gekrochen war. Seine Kleidung lag auf einem unordentlichen Haufen in der Ecke und er, nur mit einer Unterhose bekleidet, quer über dem Bett.

„Mirko!" Sie rüttelte ihn an der Schulter. „Mirko, du musst aufstehen. Wilf ist heute Morgen nicht zur Arbeit erschienen. Dein Chef hat angerufen. Die Touristen haben sich beschwert, und jetzt steht er selbst unten an der Bahn."

Mirko grunzte und schob ihre Hand weg.

„Mirko! Himmel noch mal! Du sollst sofort kommen. Dein freier Tag ist gestrichen!“ Was sein Chef sonst noch gesagt hatte, behielt sie lieber für sich.

Mirko setzte sich auf und sah sich mit blutunterlaufenen Augen um. „Dieser verdammte Idiot!“, knurrte er wütend.

Rita wusste nicht, ob er damit Wilf oder seinen Chef meinte. Aber die Hauptsache war, dass er wach und anscheinend schon nüchtern war.

„Frühstück ist fertig, also los jetzt.“

Zehn Minuten später kam Mirko die Stufen hinuntergepoltert.

„Weißt du, wo Wilf abgeblieben ist?“ Er hielt Lisa die Kaffeetasse hin. „Du hast ihn doch gestern Nacht sicher gesehen.“

Lisa schüttelte heftig den Kopf und schenkte ihm ein. Sie umklammerte den Krug mit beiden Händen.

„Du warst doch auch in der Bar oder etwa nicht?“

Lisa nickte und sah ihm nicht in die Augen.

„Ja und? Und?“ Er packte ihr Kinn und drehte ihren Kopf zu sich. „Ist er noch mal zurückgekommen, nachdem er mit dieser Schlampe verschwunden ist?“

Lisa zuckte die Schultern.

Er musterte sie. „Du weißt schon, von welcher Schlampe ich rede, oder etwa nicht?“

Lisa hielt noch immer den Blick gesenkt. Seine Finger bohrten sich in ihr Kiefergelenk.

„Von unserer neuen Nachbarin rede ich, von der du dich gefälligst fernhältst, kapiert?“

Der Krug in Lisas Händen fühlte sich plötzlich glühend heiß an, genauso wie ihre Wangen. Sie wusste nicht, was schlimmer war. Sein bohrender Blick oder seine Finger, die erbarmungslos zudrückten.

Er ließ sie so plötzlich los, dass sie fast umgekippt wäre. Hastig drehte sie sich um und stellte den Krug auf die Wärmeplatte.

Wenn er auch nur den geringsten Verdacht schöpft, dass ich irgendetwas über Wilfs Verschwinden weiß, wird er mich so lange quälen, bis ...

„Ich fahre jetzt los und suche diesen Idioten!" Mirko stürmte aus der Küche.

Lisa räumte mit fahrigen Händen das Geschirr vom Tisch.

„Lisa?" Rita musterte sie mit einem bohrenden Blick. „Was ist los? Du bist ja ganz blass. Du weißt doch etwas. Was ist letzte Nacht passiert?"

Ich muss ruhig bleiben. Lisa sah ihr direkt in die Augen, schüttelte den Kopf und zuckte mit den Schultern.

Rita schien nicht überzeugt und musterte lange ihr Gesicht. Aber schließlich packte sie Lisas Arm. „Hör auf deinen Bruder", murmelte sie. „Halt dich von dieser Frau fern. Sie bringt Unglück. Sie bringt uns alle in die Hölle."

Mirko brauste mit Vollgas an der Talstation vorbei. Im Rückspiegel konnte er noch einen Mann sehen, der wild mit den Armen fuchtelnd hinter der kleinen Warteschlange auftauchte. Sein Chef, der jetzt vor Wut schäumte, weil Mirko ihn nicht ablöste. Hauptberuflich arbeitete er in der Sägerei und war eigentlich nur für den Papierkrieg der Bahn zuständig.

Gibt es eben heute ein paar Bretter weniger, dachte Mirko, wen kümmert das.

Am Dorfrand schlängelte er sich in eine schmale Gasse und stellte den Motor ab. Wilf bewohnte zwei winzige Zimmer unter dem Dach eines Häuschens, an dem immer noch die Weihnachtsdekoration hing. Es gab keine Türklingel.

Mirko zog an der halbverrosteten Kette, und die kleine Glocke, die an einem der Dachbalken befestigt war, schepperte laut.

Zur Sicherheit brüllte er noch: „Wilf! Wilf, du Idiot! Wach auf!"

Nichts. Wahrscheinlich war er immer noch stockbesoffen. Wäre nicht das erste Mal, dass er ins Koma gefallen war.

Dass ich heute für dich arbeiten gehe, kannst du vergessen!

Mirko versuchte es noch einmal auf dem Handy. Es klingelte endlos, bis er entnervt auflegte.

Idiot!

Wütend läutete er mit der Glocke Sturm und hämmerte mit einer Faust an die Türe. Er zuckte heftig zusammen, als sie plötzlich aufgerissen wurde.

„Ja was soll denn das? Was fällt Ihnen ein, hier so einen Höllenlärm zu veranstalten?" Die alte Frau Gmeiner funkelte ihn wütend an.

Wilf wohnte bei ihr zur Untermiete, und wenn sie mutiger wäre, hätte sie ihn längst rausgeworfen.

„Ich muss zu Wilf", sagte Mirko und drängte sich an ihr vorbei.

„Also Sie können doch nicht einfach so …" Frau Gmeiner schnappte empört nach Luft. Ungehobelt!

Eine Bagage! „Und außerdem ist er gar nicht da!“, rief sie ihm hinterher.

Mirko ließ sie zetern und inspizierte die winzige Wohnung. Keine Spur von Wilf.

Grußlos verließ er das Haus und schwang sich wieder auf sein Motorrad. Dass Wilfs Rostlaube nicht an ihrem üblichen Platz stand, hatte er bei seiner Ankunft schon gesehen.

Verdammt, wo steckst du?

Das Unbehagen, das seit gestern Abend in seinem Magen rumorte wie verdorbenes Essen, verstärkte sich. Seit er gesehen hatte, wie Wilf mit dieser Schlampe verschwunden war.

Hoffentlich hat er keinen Mist gebaut!

Zuzutrauen wäre es diesem Trottel. Wilf war ein Weichei, eine Memme und, wenn er betrunken war, viel zu redselig. In der letzten Zeit war es immer schlimmer geworden.

Wenn Wilf nicht so viel Angst vor mir hätte, wäre er sowieso wahrscheinlich längst zur Beichte gegangen!

Obwohl Mirko immer noch wütend war, musste er jetzt doch grinsen bei der Vorstellung, wie Wilf sich in den Beichtstuhl schob.

Ausgerechnet Wilf. Den Pfarrer würde der Schlag treffen.

Sodom und Gomorra!

Der Teich!

Mirko ärgerte sich, dass er nicht gleich daran gedacht hatte. An das romantische Plätzchen, an dem selbst die keuschesten Weiber schwach wurden. Dahin hatte er selbst oft genug die Mädchen abgeschleppt.

Wahrscheinlich liegt er zufrieden in seiner Karre und schläft seinen Rausch aus! Aber damit ist jetzt Schluss.

Ich habe ein Wörtchen mit dir zu reden!

Wie erwartet, stand das Auto schief geparkt unter den Bäumen. Mirko sah hinein.

Nichts. Leer.

Als ob es etwas nützen würde, riss er die Fahrertüre auf und beugte sich hinein. Der Schlüssel steckte, doch das war nicht ungewöhnlich. Wilf ließ den Schlüssel immer stecken, kein Mensch, der noch bei Verstand war, würde diesen Schrotthaufen klauen.

Mirko schlenderte zum Steg und sah sich um. Es war etwa elf Uhr morgens, und für diese Jahreszeit brannte die Sonne schon ganz schön auf seiner Haut.

Aus dem Schilf glitten lautlos zwei Enten und betrachteten ihn neugierig.

„He, habt ihr vielleicht meinen Freund gesehen? Ihr wisst schon, diesen Möchtegern-Casanova, der hier ab und zu mal vorbeikommt?"

Die Enten paddelten in sicherer Distanz auf dem Wasser. Normalerweise kamen ein paar Brotstückchen geflogen, wenn sich jemand mit ihnen unterhielt, aber man wusste ja nie. Denn manchmal auch Steine.

„Wilf! Wilf, verdammt! Wo steckst du, du Arschloch!", brüllte Mirko, und die Enten ergriffen flatternd die Flucht.

Das Auto steht noch hier, also muss er doch hier irgendwo sein!

Wilf würde freiwillig nie zu Fuß irgendwo hingehen. Mirko hatte nicht die geringste Lust, aber die Unruhe trieb ihn vorwärts. Er folgte dem Trampelpfad, der rund um den Weiher führte, und sah hinter die Büsche, drückte das Schilf am Ufer auseinander und holte sich einen nassen Stiefel.

Er wusste selbst nicht, was er eigentlich zu finden erwartete.

Fluchend kehrte er nach einer Viertelstunde zurück an den Ausgangspunkt. Auf dem Boden funkelte etwas in der Sonne.

Mirko bückte sich und hob es auf.

Ein silberner Druckknopf, auf dem ein Totenkopf prangte. Er wusste sofort, zu welcher Jacke dieses Ding gehörte.

Also wart ihr gestern Nacht hier! Was habt ihr getrieben?

WAS HAST DU GETAN, DU MISTSTÜCK?!

Er rannte zurück zu seinem Motorrad.

Etwas war Wilf zugestoßen. Es war etwas passiert.

Und er musste wissen, was das war.

Lisa sollte sich jetzt eigentlich auf den Weg zur Arbeit machen. Es würde ein langer Tag werden – und eine nicht enden wollende Nacht.

Heute war es so weit. Heute würden überall die Hexenfeuer brennen. Und all diese Menschen, die in das Dorf eingefallen waren wie ein Schwarm Wildbienen, würden um die Flammen tanzen. Ihre Besen schwingen und kreischend und lachend durch die Dunkelheit zum nächsten Scheiterhaufen ziehen. Und dann in der Bar und im Zelt so lange feiern, bis in den frühen Morgenstunden auch die Letzten erschöpft und benebelt vom Alkohol …

Ich kann das nicht! Ich schaffe das heute nicht.

Allein der Gedanke an diesen Lärm, das Gedränge und die furchteinflößenden Masken ließen ihre Beine zittern.

Lisa fühlte sich sterbensmüde. Elend. Sie wollte sich nur noch verkriechen. Schlafen, traumlos schlafen.

Es gab nur einen Ort, an dem sie vielleicht Ruhe finden konnte. Niemand würde sie dort suchen.

Sie konnte Rita hören, die oben im Elternschlafzimmer den Schrank öffnete. Die Türen knarrten, so, wie sie es immer getan hatten, seit Lisa denken konnte. Der Schrank war ein altes Erbstück, und manchmal stand Lisa davor und versuchte sich vorzustellen, wie ihre Mutter früher darin ihre Wäsche versorgt hatte.

Sie hatte kaum eine Erinnerung an sie, und jetzt, nach dem Tod ihres Vaters, gehörte der Schrank ganz allein Rita. Alles, was von ihrer Mutter noch da war, hütete Lisa in einer Truhe in ihrem Zimmer.

Fotos, ein paar Kleidungsstücke, an denen sie manchmal schnupperte, und ein filigranes Goldkettchen mit ihrem Ehering.

Reliquien aus einer längst vergangenen Zeit.

Rita knallte die Türen zu, und Lisa huschte davon, an der Hauswand entlang zur Scheune. Das Tor stand einen Spalt offen, und sie zwängte sich hinein, damit das Quietschen der Rollen sie nicht verriet.

Sie blieb stehen und sah nach oben. Durch die Ritzen der Holzwände fiel das Sonnenlicht, und in den hellen Strahlen tanzte der Staub durch die Luft wie winzige Mückenschwärme. Es war still wie in einer Kirche.

Auf der linken Seite türmten sich die restlichen Strohballen dieses Winters, und weiter oben, auf einer Empore, lag noch etwas Heu.

Lisa kletterte über die Leitern bis ganz nach oben. Das Heu raschelte unter ihren Füßen. Flüsterte beruhigend. Ganz hinten in der Ecke legte sie sich hinein. Durch ein Astloch konnte sie den Platz vor dem Haus überblicken. Als Kind war das ihr geheimer Ort gewesen, wenn sie sich vor den bösen Piraten – Mirko! – verstecken musste.

Sie hatte sich dort regelrecht eingenistet. Mit einem Kissen, ihren Buntstiften und Papier. Mit ihren Büchern und ihrem Teddy. Der ganz schmutzig war, weil Mirko ihn immer wieder in den Mülleimer stopfte, sobald er ihn in die Finger bekam. Lisa versuchte ihn in ihrem Zimmer vor ihm zu verstecken, aber Mirko fand ihn immer. Und dann zerrte er Lisa an ihren Zöpfen in die Küche, den Teddy in der Faust, und grinste sie an.

„Na, willst du dieses stinkende Ding nicht endlich loswerden? Was soll das denn? Bist doch schon ein großes Mädchen, den brauchst du nicht mehr. Teddys sind nur was für kleine Hosenscheißer."

Lisa versuchte nach dem Teddy zu greifen, aber er lachte und hielt ihn noch höher. Ihre Kopfhaut schmerzte von dem unerbittlichen Zug, mit dem er ihre Haare hielt, und Tränen rollten ihr über die Wangen.

„Ich gebe ihn dir, wenn du ihn selbst da reinwirfst."

Lisa starrte in den Abfalleimer, den er mit dem Fuß vor sie hingeschoben hatte.

Kartoffelschalen, blutiges Papier, in das die Koteletts von gestern eingewickelt gewesen waren, ein Lappen, getränkt mit Maschinenöl, und Kaffeesatz.

Eine eklige Masse, in der ihr Teddy nun begraben würde. Für immer verschwinden so wie ihre Mutter, die ihn ihr geschenkt hatte.

Sie konnte das nicht tun. Aber sie musste es tun. Denn sonst würde das Mirko machen, und er würde den Teddy tief in den Eimer stopfen. So tief hinunter wie in ein Grab.

Lisa nickte.

„Braves Mädchen!“ Mirko grinste und ließ ihre Zöpfe los. Lisa stellte sich auf die Zehenspitzen und streckte die Hände nach dem Teddy aus.

„Warum so eilig?“

Lisa wusste, dieses Spiel konnte noch ewig so gehen.

„Was macht ihr denn da?“ Ihr Vater kam in die Küche und starrte sie verwundert an.

Sie hatten ihn nicht gehört, und Mirko ließ erschrocken die Hand sinken. Bevor er antworten konnte, packte Lisa den Teddy und rannte mit ihm davon. Über den Hof in die Scheune, die Leitern hinauf und vergrub ihn in der Ecke im Heu.

Dort lag der kleine Bär seit Jahren.

Sie tastete zwischen den Halmen nach ihm und zog ihn hervor. Sein Plüschfell war abgeschabt und die Farbe verblasst.

Er hatte nur noch ein Glasauge.

Der Teddy war beschädigt, so wie Lisa seit dem Tod ihres Vaters.

Der Teddy hatte ein Auge verloren und Lisa ihre Sprache.

Damals …

… vor dreizehn Jahren

„Ich sollte ihn mit seinem eigenen Traktor überfahren!“

Wilf musste nicht fragen, wen Mirko meinte. Er regte sich wieder mal über seinen Stiefvater auf, der ihm seit Monaten die Hölle heißmachte. Seit ihn sein Lehrmeister zum Teufel gejagt hatte, hatte Mirko keine ruhige Minute mehr.

Er solle sich um einen neuen Platz bemühen und einen vernünftigen Beruf lernen, aufhören zu saufen, auf dem Hof mithelfen, die Weiber in Ruhe lassen und, und, und.

Wilf bekam die ganzen Litaneien von Mirko brühwarm weitererzählt, und langsam welkten ihm die Ohren.

„Den Alten in den Häcksler werfen.“ Mirko lächelte.

Wilf fröstelte. Ja, das könntest du, dachte er. Das könntest du wirklich, und du würdest vielleicht tatsächlich dabei lächeln.

Und danach schlafen wie ein Neugeborenes.

Wilf wusste das, weil er mit eigenen Augen gesehen hatte, wozu Mirko fähig war. Wilf war alles andere als ein Unschuldsengel. Er hatte Dinge getan, für die er ins Gefängnis käme, falls er jemals auffliegen würde.

Aber Mirko, Mirko hatte schon einmal eine Grenze überschritten, für die er auf ewig in der Hölle schmoren würde. Wilf versuchte die Bilder aufzuhalten, die sich in seinen Kopf drängten wie schwarzer Nebel. Er durfte diese Erinnerungen nicht zulassen, denn sie würden ihn wieder um den Schlaf bringen. Albträume bescheren, aus denen er in Schweiß gebadet erwachte.

Das Mühlrad in seinem Kopf begann sich zu drehen.

Ich habe ihn nicht aufgehalten.

Ich konnte es nicht verhindern. Ich konnte es nicht!

Wilf versuchte den Gedankenfluss zu stoppen.

Aber wir, nein er ist davongekommen, einfach so, also würde ein Dämon seine schützende Hand über ihn halten.

Aber das ist doch schon lange her. Zwei Jahre. Und damals waren wir ja fast noch Kinder.

Also was soll das jetzt noch.

„Warum machst du dich nicht einfach vom Acker?“, fragte er und reichte Mirko eine Zigarette. Sie saßen auf dem Steg am Weiher, ihre Körper noch nass vom Bad im kühlen Wasser.

Es war Spätsommer, die Sonne brannte ihnen auf die Köpfe, und eigentlich war es ein Wunder, dass außer ihnen nicht noch das halbe Dorf und ein paar Touristen die Gegend bevölkerten.

Nein, eigentlich nicht.

Ein starkes Gewitter war angekündigt, und jetzt waren alle damit beschäftigt, Vorkehrungen zu treffen. Das Heu einzufahren, die Wäsche abzuhängen, schnell noch ein paar Einkäufe zu tätigen oder einfach nur faul im Schatten eines Baumes vor sich hin zu schwitzen.

„Und wo, bitte, soll ich hin?“ Mirko steckte sich die Zigarette hinters Ohr und beugte sich über den Rand des Stegs. Er zog an einer Schnur und beförderte eine

Tüte ans Licht, in der sie ihre Bierdosen im Wasser kühl gehalten hatten.

„Weiß ich doch auch nicht“, sagte Wilf und trank gierig einen Schluck. „Aber wir könnten doch auch zusammen verschwinden.“

Mirko leerte seine Bierdose in einem Zug. Wilf musterte ihn, wie er da so auf dem Steg kniete. Den Kopf in den Nacken gelegt, die Bauchmuskeln gespannt und auf der braungebrannten Haut perlten funkelnde Wassertropfen.

Ich habe noch nie einen Kerl gesehen, der so gut aussieht, man könnte schwul werden.

Das dachte Wilf nicht zum ersten Mal, auch wenn er im Leben nie einen Mann anfassen würde.

Ganz bestimmt nicht, verdammt!

„Wieso soll ich hier weg? Kannst du mir das vielleicht sagen? Er! Er soll verschwinden, dieser Kartoffelsack, dieser dämliche Bauer. *Ich* wollte ja nie herkommen, die haben mich damals regelrecht verschleppt! Aber jetzt gefällt es mir, und ich habe vor zu bleiben. Bis ich irgendwann die Schnauze voll habe. Aber du kannst dich darauf verlassen, ich werde endlich für Ruhe sorgen!“

Das Bier schmeckte plötzlich bitter, und Wilf zerquetschte die Dose in der Hand.

Was immer du vorhast, ich will es nicht wissen. Verdammt, diesmal will ich es nicht wissen!

Aus der Ferne grollte der Donner, und über den Bergkamm schob sich eine schwarze Wolke wie ein Ungeheuer, das vorhatte, das Dorf zu verschlingen.

„Ich hau jetzt ab“, sagte Wilf und schlüpfte, auf einem Bein hüpfend, in seine Hose.

Mirko warf seine Bierdose in den Weiher. „Ja, ist wohl besser, wenn wir uns verziehen“, sagte er und zog sich an.

Ihre Motorräder hatten sie unter einem Baum geparkt, und gemeinsam fuhren sie zurück zum Dorf.

Wilf sah ihm nicht nach, als Mirko abbog und die Straße hinauf zum Hof rollte.

Er hatte ein flaues Gefühl im Magen, er war sich sicher, dass Mirko etwas vorhatte.

Nichts Gutes.

Aber Mirko konnte man genauso wenig aufhalten wie dieses Inferno, das sich jetzt über seinem Kopf zusammenbraute.

Albert Ferber saß auf dem Traktor und bugsierte den Anhänger mit dem Heu rückwärts in die Scheune. Noch eine Fuhre, dann wäre alles im Trockenen.

Aber das konnte er vergessen. Das konnte er unmöglich alleine schaffen.

Rita war heute Morgen in der Küche gestürzt und hatte sich das Handgelenk verstaucht. Zuerst hatten sie sogar gedacht, es sei gebrochen. Albert hatte sie zum Arzt nach Seltberg gefahren und war schleunigst zurückgekehrt, damit er das Heu vor dem Gewitter noch einbringen konnte.

Alleine, denn Mirko war wieder einmal unauffindbar.

Dieser faule Schmarotzer!

Albert hatte die Nase endgültig voll, und er konnte es nicht mehr hören. Ritas Entschuldigungen, die Ausreden für ihren Sohn, die immer gleichen Litaneien. Und sie täuschte sich.

Sie täuschte sich sogar gewaltig. Dass der Junge seine ersten Jahre ohne Eltern verbracht hatte, war einfach keine Entschuldigung.

Himmel noch mal, es gab Kinder, die hatten Schlimmeres durchgemacht, und trotzdem war etwas aus ihnen geworden. Weil sie das wollten. Weil es in ihrem Innern etwas gab, das sie zu vollwertigen Mitgliedern der Menschheit werden ließ.

In Mirko steckte nichts dergleichen. Davon war Albert mittlerweile überzeugt. Er hatte den Jungen lange genug beobachtet.

Mirko war ein Egoist, ein selbstgefälliger Parasit, den nur seine eigenen Bedürfnisse interessierten und der mit einer Selbstverständlichkeit, die Albert manchmal richtiggehend schockierte, Forderungen stellte.

Nach mehr. Mirko wollte immer mehr. Die Aufmerksamkeit seiner Mutter, Freizeit und Geld. Albert hatte ihm seit einem Jahr keinen Cent mehr gegeben.

„Er soll gefälligst etwas dafür tun!“, hatte er Rita angebrüllt. „Er ist verflucht noch mal alt genug. Und hör endlich damit auf, ihn dauernd in Schutz zu nehmen. Er ist faul und verzogen, das ist alles, kapierst du das denn nicht?!“

Er muss weg. Endgültig.

Auch wegen Lisa.

Albert machte sich große Sorgen um seine Tochter. Scheu wie ein Reh, verzog sie sich in alle Ecken. Er hatte versucht, mir ihr zu reden. Das war nicht einfach für ihn gewesen, er hatte nicht recht gewusst, was er sie eigentlich fragen sollte.

„Geht es dir gut, meine Kleine?“

Draußen auf der Bank hatten sie nebeneinandergesessen, er mit einem Bier in der Hand, und Lisa hatte an einer Limo genuckelt.

Sie hatte zu ihm aufgesehen, und er hatte wieder einmal gedacht, wie sehr sie doch ihrer verstorbenen Mutter glich. Die gleichen kornblumenblauen Augen, die weizenblonden Haare, die sie jeden Morgen selbst zu zwei Zöpfen flocht.

Lisa hatte nur genickt und mit den Füßen gescharrt.

„Du lachst ja kaum noch. Ist es, weil Mirko dich … dich ärgert?“ Wie sollte er das bloß formulieren, was er eigentlich dachte.

Befürchtete.

„Ist doch nur Spaß“, sagte Lisa.

Für Albert klang es nicht gerade überzeugend.

Von Anfang an hatte er gespürt, dass Mirko seine neue Schwester nicht mochte. Albert hatte sich zunächst nichts dabei gedacht. Der Junge war damals schon elf gewesen, und es war für ihn wohl ziemlich gewöhnungsbedürftig, dass sich plötzlich eine Dreijährige an seine Fersen heftete.

„Das wird sich alles geben“, hatte Rita gesagt. „Lass den Kindern doch Zeit, sich aneinander zu gewöhnen.“

Albert hatte gedacht, dass sie wahrscheinlich recht hatte. Sie war schließlich eine Frau.

Eine Mutter.

Aber auch da hatte er sich getäuscht. Denn was hatte er jetzt im Haus? Eine zehnjährige Tochter, die den Eindruck machte, als wäre sie ständig auf der Flucht, und einen achtzehn Jahre alten Stiefsohn, der ihm vorkam wie eine Strafe für etwas, das er nicht begangen hatte.

Albert machte sich daran, das Heu abzuladen. Erst mal nur auf den Scheunenboden, vielleicht schaffte er die zweite Fuhre doch noch, bevor es anfing zu regnen.

Er schmunzelte, als er das Rascheln hörte.

„Haben wir wieder Mäuse in der Scheune?“, rief er vergnügt. „War die Katze wieder zu faul für die Jagd?“

Er wusste genau, dass Lisa sich wieder in ihr Versteck hoch oben verkrochen hatte. Es war ihr geheimer Ort, und so sollte es auch bleiben.

Manchmal legte er ein paar Bonbons oder Schokolade oben auf die Leiter. Anfangs hatte er sich

Sorgen gemacht, dass sie herunterfallen könnte. Drei Meter in die Tiefe. Sich die Beine brechen oder das Genick. Aber Lisa kletterte auch auf die Obstbäume, und passieren konnte immer irgendetwas. Egal wo.

„Hallo Papa." Sie kniete am Rand und sah lächelnd zu ihm herab. „Soll ich dir helfen?"

Albert stützte sich auf die Heugabel und winkte ab. „Nein, lass nur. Später vielleicht. Was machst du denn da oben?"

„Ich lese."

„Und was?"

„Ein ganz tolles Buch, ich habe es mir ausgeliehen. Es geht um eine kleine Hexe, und die will eine gute Hexe sein, aber irgendwie macht sie alles verkehrt, aber sie hat einen ganz klugen Raben und der …"

Ein Donnerschlag wie ein Kanonenschuss ließ sie beide zusammenzucken. Es klang sehr nah.

Das war's jetzt mit dem restlichen Heu, dachte Albert resigniert.

„Klingt spannend", sagte er, aber Lisa war schon verschwunden. Sie hatte sich fluchtartig in ihre Ecke verzogen.

Draußen klatschten die ersten Regentropfen wie Kieselsteinchen auf den Boden, und er konnte das Motorrad hören.

Der gnädige Herr kommt auf seinem Luxusgefährt nach Hause! Albert kochte vor Wut.

Das war auch so etwas. Zuerst hatte Rita ihm ein Moped gekauft. Gebraucht, und darüber hatte dieses Milchgesicht schon gemault. Und als er jetzt achtzehn geworden war, musste natürlich ein richtiges Motorrad her. Eine chromglänzende Maschine, die wahrscheinlich ein Vermögen gekostet hatte.

Rita hatte sich vor der Ehe etwas auf die Seite gelegt. Albert hatte kein Interesse daran, Geld war für ihn nicht wichtig. Aber dass sie mit der Zeit ihr ganzes Vermögen ihrem nichtsnutzigen Sohn in den Rachen warf, machte ihn wütend.

In den letzten Monaten war er eigentlich nur noch wütend, damit musste endlich Schluss sein.

Er drehte sich um. Mirko fuhr langsam in die Scheune, mit den dreckigen Reifen über das Heu, das am Boden lag.

„Kannst du nicht aufpassen?“, brüllte Albert. In seinem Kopf staute sich der Zorn wie die unerträgliche Hitze, die in der Scheune herrschte.

Mirko stellte den Motor ab. „Nur die Ruhe“, sagte er und grinste.

Das war zu viel.

Albert warf die Heugabel auf den Boden und packte ihn am Shirt. Ein teures Markenshirt natürlich, was denn sonst?

„He, was soll das?“ Mirko schlug seine Hände weg und stieg vom Motorrad.

Sie waren beide etwa gleich groß, aber Alberts Muskeln durch die tägliche, schwere Arbeit deutlich mehr ausgebildet.

Sie starrten einander in die Augen, voller Wut und Verachtung.

„Was los ist? Das fragst du? Wo hast du dich herumgetrieben? Du hast doch genau gewusst, dass wir heute Hilfe gebraucht hätten!“

„Ich dachte, Rita macht das“, brummte Mirko herablassend.

„Du dachtest? Ja natürlich, das denkst du immer, und die ganze Zeit ist das auch so, nicht wahr der Herr?

Deine Mutter schuftet sich hier den Rücken krumm, nur damit der feine Herr Sohn auch ja keinen Finger rühren muss. Damit das Jüngelchen ein ruhiges Leben hat und auf der faulen Haut liegen kann!"

Mirko schnaubte. „Na und? Sie ist schließlich meine Mutter, und sie hat sich das ja ausgesucht. Ich bin kein Bauer, war ich nie und werde ich nie."

Albert dachte, sein Kopf würde platzen.

Mirko stand an seine Maschine gelehnt, ein Bein über Kreuz, und nestelte in der Brusttasche seines Shirts, als ginge ihn alles nichts an.

Als wäre er hier ein zahlender Gast.

Er will sich eine Zigarette anzünden, hier drin! Dieser hirnlose Bastard würde ohne mit der Wimper zu zucken das Heu und die Scheune in Brand stecken!

Albert schlug ihm die Zigarettenpackung aus der Hand.

„Jetzt hör mir gut zu, ich sage es nur ein einziges Mal." Seine Stimme klang gepresst, so als ob er alle Kraft benötigen würde, um die Worte auszuspucken.

„Du bist jetzt alt genug, und das ist hier kein Hotel! Ich habe dir jahrelang die Hand gereicht, dich unterstützt und versucht, dir zu helfen, etwas aus deinem Leben zu machen. Du hattest alle Chancen, aber du hast sie einfach weggeworfen. Und von heute an musst du selber schauen, wie du zurechtkommst. Ich will dich hier nicht mehr haben. Du packst jetzt auf der Stelle deine Sachen und verschwindest!"

Mirko starrte ihn verblüfft an. *Donnerwetter, das hätte ich dem Kartoffelsack gar nicht zugetraut! Hat all die Jahre nicht aufgemuckt, und jetzt glaubt er, er kann mir Vorschriften machen. Wollen wir mal sehen.*

„Und denkst du, dass meine Mutter damit einverstanden ist? Glaubst du wirklich, dass sie bei dir bleibt und hier versauert, wenn ich weg bin?“

Albert zuckte die Schultern. „Das weiß ich nicht. Aber wenn sie sich für dich entscheidet, ist das alleine ihre Sache. Wenn sie das will, dann soll sie mit dir gehen. Ich werde sie nicht aufhalten. Aber du, du gehst ganz sicher. Und zwar jetzt sofort!“

Lisa hielt den Atem an. Sie lag, den Kopf auf ein kleines Kissen gebettet, in ihrer Ecke im Heu.

Mirko muss gehen!

Sie starrte auf den Umschlag des Buches in ihrer Hand. Die kleine Hexe.

Papa jagt ihn fort.

Es war, als wären plötzlich Zauberkräfte am Werk, als gäbe es das wirklich, dass Wünsche in Erfüllung gehen.

Ihr Herz klopfte wild vor Freude, sie fühlte sich ganz leicht und schwerelos. Sie legte das Buch auf das Kissen und kroch leise bis zum Rand der Empore.

Inzwischen trommelte der Regen auf das Dach, und die feuchte Hitze trieb ihr den Schweiß aus allen Poren.

Unten standen die beiden Männer mit geballten Fäusten einander gegenüber, bewegungslos, wie eingefroren.

Lisa konnte die Wut förmlich spüren. Auf einmal hatte sie Angst. Angst davor, dass sie sich prügeln könnten, Angst davor, was Mirko …

Ihr Vater drehte sich weg. „Also los, mach, dass du fortkommst."

Seine Stimme klang ganz fremd, so hatte Lisa ihren Vater noch nie erlebt.

Albert zog ein Taschentuch aus seiner Hose und wischte sich damit über die Stirn. Er stand mit dem Rücken zu Mirko, der sich immer noch nicht rührte.

Geh endlich weg! Lisa hätte fast laut gerufen, aber das wagte sie nicht. Ihr ganzer Körper zitterte vor Aufregung.

Dann ging alles ganz schnell.

So wahnsinnig schnell, dass Lisa nicht begreifen konnte, was sich vor ihren Augen abspielte.

Mirko bückte sich und griff nach der Heugabel. Er drehte die Zinken nach unten und schwang sie mit beiden Händen hoch über seinen Kopf.

Und rammte sie mit voller Kraft tief in Alberts Rücken.

Eine Sekunde lang stand ihr Vater einfach da. Als wäre er einer dieser unverwundbaren Helden aus einem Zeichentrickfilm.

Dann machte er einen schwankenden Schritt und ruderte mit den Armen, als wäre er betrunken.

Lisa war vor Schock gelähmt.

Das ist nicht wahr! Das ist gar nicht echt! Das ist nicht ...

Ihre Gedanken rasten in einer Endlosschlaufe. *Das ist nicht echt!*

Ihr Vater trug nur ein dünnes Baumwollunterhemd. Auf seinem Rücken, da, wo die Zinken tief in seinem Fleisch steckten, entfalteten sich rote Flecken wie monströse Blüten.

Mirko trat vor ihn und versetzte ihm einen Stoß.

Albert stürzte rückwärts zu Boden und schrie, als sich die Gabel durch sein eigenes Gewicht noch tiefer bohrte.

Mirko kniete sich neben ihn und betrachtete ihn interessiert.

„Tut es sehr weh?“, fragte er.

Albert röchelte. Aus dem Mundwinkel lief Blut, als er versuchte zu sprechen.

„Was? Was möchtest du mir sagen? Ach, ich weiß schon. Dass ich abhauen soll. Mein armes Mütterchen im Stich lassen und einfach verschwinden." Mirko zog ein kummervolles Gesicht.

Albert rang nach Luft und starrte ihn mit weit aufgerissenen Augen an.

Mirko schüttelte bedauernd den Kopf. „Nein, nein. Das kann ich ihr nicht antun. Das würde ihr ja das Herz brechen, verstehst du? Aber jetzt!" Er strahlte Albert an. „Jetzt ist das Problem ja gelöst, nachdem du diesen bedauerlichen Unfall hattest."

Er sah sich in der Scheune um. „Ja, das ist ein gefährlicher Ort. Man kann so leicht vom Heuboden stürzen, nicht wahr? Tief hinunterfallen, und wenn man dann noch so schludrig arbeitet und so ein gefährliches Ding wie eine Heugabel einfach so auf dem Boden liegen lässt …"

Er schnalzte mit der Zunge. „Dann ist das natürlich …"

Albert hob eine Hand und packte sein Shirt. Sein Blick irrte umher, als suche er einen Punkt, den er fixieren konnte. Sein Gesicht war aschfahl.

„Du … du Ba… Bastard."

Mirko schob gelassen seine Hand weg. „Du solltest dich jetzt nicht aufregen. Mach deinen Frieden. Ich verspreche dir, ich werde mich gut um alles kümmern."

Albert hörte das nicht mehr.

Er starb so schnell, dass Mirko sich überrascht über ihn beugte und misstrauisch sein Gesicht musterte.

Die Schreie drangen ihm durch Mark und Bein.

Mirko dachte, der Schlag würde ihn treffen. Er schoss in die Höhe, und die Scheune schien sich um ihn zu drehen.

„Paaaaaapaaaaaaneiiiiiin, Paaaaapaaaa!“

Ein gellendes Kreischen, das nicht enden wollte.

„Neeeiiiiiiiinpappaaaaaaaaneiiiiiiin.“

Lisa brüllte, als würde sie aufgespießt. Mirko hatte solche Schreie noch niemals gehört, und für einen Moment verlor er die Fassung.

Verdammte Scheiße! Was macht sie hier, warum ist sie nicht in der Schule?

Er versuchte sich zu erinnern, was für ein Tag war. Es war unmöglich. Er konnte keinen klaren Gedanken fassen, ihr Kreischen bohrte sich durch seine Ohren und krallte sich in sein Gehirn.

Ich muss sie zum Schweigen bringen!

Er sah zu ihr hoch. Lisa klammerte sich an der Leiter fest, das Gesicht rot und tränenüberströmt, den Mund weit aufgerissen.

Sie sieht aus wie eine dieser jungen Schwalben in den Nestern im Stall. Ich muss ihr den Schnabel stopfen!

Mirko kletterte die Leiter hoch.

„Sei still, verdammt noch mal!“, brüllte er und versuchte sie zu packen.

Lisa wich zurück, immer noch schreiend.

Er machte einen Schritt auf den Heuboden. Dieser Platz unter dem Dach war neu für ihn. Soweit hoch hatte er sich noch nie bemüht.

Er sah sich um. Heu, was sonst. Und kein anderer Weg nach unten. Außer an ihm vorbei.

Oder einem Sprung in die Tiefe.

Inzwischen schluchzte Lisa. Es war, als hätte sie keine Kraft mehr zu schreien. Sie schluchzte und rief stammelnd nach ihrem Vater, ihr ganzer Körper bebte, als litte sie unter Schüttelfrost.

Mirko überlegte fieberhaft.

Sie hat es mitangesehen, verfluchter Mist! Sie wird reden, und die ganze schöne Unfallgeschichte ist keinen Cent mehr wert.

„Lisa“, sagte er und hob die Hände. „Du wirst jetzt still sein und mir zuhören.“

Noch ein Schritt auf sie zu.

Sie kann hier nicht weg.

Er spürte, wie er sich beruhigte.

Also gut, ruhig bleiben und überlegen, was zu tun ist!

Am liebsten hätte er sie auf der Stelle umgebracht. Aber wie sollte das gehen, ohne dass jemand Verdacht schöpfte? Gleich zwei Tote, Vater und Tochter. Das würde Fragen aufwerfen. Viele Fragen. Zu viele! Also was?

Lisa stand zitternd bis zu den Knien im Heu und starrte ihn an, als wäre er ein Tier, das aus der Hölle gekrochen war.

Sie hat Angst. Sie hat Todesangst vor mir. Das ist schon mal gut. Es ist immer gut, wenn die Leute Angst haben. Dann kann man sie kontrollieren. Ihnen gut zureden.

Mirko lächelte und machte noch einen Schritt. Lisa flüchtete zur Seite und sah hinunter.

Sie wird springen! Und wahrscheinlich nicht das erste Mal. Sie wird unten unversehrt auf den Strohballen landen und dann davonrennen. Sie ist schnell.

Das wusste Mirko, denn mehr als einmal war sie ihm entwischt, als er ihr eine Lektion erteilen wollte, weil sie sich ihm wieder widersetzt hatte.

Das kann ich diesmal nicht zulassen!

Sie hatte keine Möglichkeit zu reagieren.

Mit einem gewaltigen Satz sprang er auf Lisa zu und warf sich auf sie. Sie versanken in den knisternden Halmen.

Sie fühlte sich so zerbrechlich an unter seinem Körper. Dünne Knöchelchen, die gegen seinen Brustkorb drückten.

Es wäre ganz leicht gewesen, eine Handvoll Heu zu packen. Auf ihr Gesicht zu drücken, Mund und Nase damit zu verstopfen, bis ihr Wimmern versiegen würde.

Bis sie still war. Für immer.

Aber das wäre ein Fehler. Niemand würde glauben, dass sie von ihrem eigenen Vater umgebracht worden war und der sich dann auch noch selbst rücklings auf eine Heugabel geworfen hätte.

Nein. Er musste sich beherrschen. Es musste einen anderen Weg geben, sie zum Schweigen zu bringen.

Angst.

Er umklammerte ihr Gesicht. *Sie muss mich ansehen!*

Lisa kniff die Augen zusammen.

„Mach die Augen auf."

Als sie nicht gehorchte, grub er seine Fingernägel in ihre Wangen.

Sie zappelte unter ihm und gab ein jammerndes Geräusch von sich.

Er ließ nicht locker, und endlich riss sie die Augen auf und starrte ihn an.

„Willst du sterben?“

Panik flackerte in ihrem Blick, aber jetzt lag sie ganz still.

„Gut so, braves Mädchen. Also hör mir jetzt zu.“ Er lockerte den Griff. Er wollte keine Spuren in ihrem hübschen Gesichtchen hinterlassen.

„Es war ein Unfall, ein bedauerlicher Unfall.“

Lisas Augen begannen zu funkeln.

Doch kein braves Mädchen. Dann müssen wir das anders machen.

Er legte seine Hände um ihren Hals und streichelte mit den Daumen sanft über ihre Kehle.

Meine Güte, so dünn wie die Gurgel eines Huhns. Es wäre so einfach.

Sie schien seinen Blick richtig zu deuten, denn jetzt wurde die Angst übermächtig. Er konnte es sehen.

Gut.

„Ich werde dich umbringen. Ich werde dir aber vorher richtig wehtun, verstehst du? Ich werde Dinge mit dir machen, die kannst du dir gar nicht vorstellen, und danach werde ich deinen Kadaver in Stücke hacken und irgendwo verscharren.“

So viel Mühe würde er sich nicht machen, aber es machte Spaß, darüber zu reden. Und vor allem zeigte es Wirkung.

Sie wimmerte vor Entsetzen.

„Aber so weit muss es nicht kommen.“ Mirko streichelte ihre erhitzte Wange. *Sie fühlt sich an, als ob sie Fieber hätte.*

„Nein, das muss nicht passieren, wenn du genau das tust, was ich dir sage. Du wirst jetzt in dein Zimmer gehen, und dort bleibst du. Du warst heute nicht in der Scheune, du hast nichts gesehen und schon gar nichts gehört. Und ich …“ Er wühlte seine Finger in ihre Haare und schüttelte ihren Kopf.

„Ich war den ganzen Tag nicht zu Hause! HAST … DU… DAS … VERSTANDEN?“

Lisa röchelte.

„Was? Was? Ich kann dich nicht verstehen! Also los, sag, hast du verstanden? Du wirst schweigen, sonst …“

Lisa nickte heftig mit dem Kopf.

Er musterte misstrauisch ihr Gesicht. Doch, sie würde den Mund halten. Wenigstens eine Zeit lang. Dann würde er sich um dieses Problem kümmern müssen.

Einen Weg finden.

„Also komm.“ Er rollte sich von ihr herunter und stand auf.

Als sie sich nicht rührte, packte er sie an den Armen und riss sie hoch. Ihre Beine gaben nach, und er musste sie festhalten.

„Du wirst dich jetzt zusammenreißen, die Leiter runterklettern und in dein Zimmer gehen.“

Lisa richtete sich auf. Er konnte sehen, dass sie sich wirklich anstrengte. Sie sah aus wie eine kleine Vogelscheuche. Am ganzen Körper klebten Halme, und er wischte sie grob weg.

„Komm!“

Er kletterte voraus und behielt sie im Blick, während sie wie in Zeitlupe Tritt um Tritt hinunterstieg. Außer dem Prasseln des Regens war nichts zu hören, aber es würde nicht mehr lange dauern, bis seine Mutter nach Hause kam.

Bis das Geschrei losging, wenn sie ihren toten Mann fand.

„Los, geh jetzt."

Lisa versuchte es. Es war so unendlich schwer, die Beine zu bewegen. Es war, als gehörten sie nicht ihr, als schwebte sie außerhalb ihres Körpers, der sich wie von selbst zu ihrem Vater drehte.

Der mit leeren Augen hinauf zum Dach starrte.

Er ist tot. Papa ist tot.

Mirko.

In ihren Ohren rauschte etwas wie ein tosender Wasserfall. Ihre Kehle fühlte sich an, als hätte sie eine ätzende Flüssigkeit getrunken, in ihrem Mund schmeckte sie Blut.

Aber da war kein Blut, da war etwas viel Schlimmeres.

Todesangst.

„Geh endlich und denk immer daran." Mirko versetzte ihr einen Schubs. „Ich habe dich im Auge. Ich bin immer da, und du kannst dich nirgends vor mir verstecken."

Ihre Beine zitterten, wollten sie kaum tragen, aber sie ging weiter.

Vorbei an der Leiche ihres Vaters, an dem Anhänger, dem Traktor, auf dem er vorher noch gesessen hatte, über den Hof durch den strömenden Regen, der ihr die Tränen aus dem Gesicht wusch.

Wie ferngesteuert durch die Türe, die Treppe hinauf, und dann stand Lisa in ihrem Zimmer. Der Regen hatte aufgehört, und sie konnte das Motorrad hören, als Mirko davonfuhr.

Plötzlich herrschte Stille. Totenstille.

Lisa verstummte.

Lauf!

Emely erwachte, weil ihr die Sonnenstrahlen mitten ins Gesicht fielen. Sie öffnete blinzelnd die Augen und musste sie gleich wieder schließen. In ihrem Kopf pochte ein heftiger Schmerz.

Wie spät ist es denn?

Sie rutschte zur Seite, raus aus dem Licht und sah auf ihre Armbanduhr.

Elf Uhr. *Das kann nicht sein. Ich kann unmöglich so lange geschlafen haben. Wo ist Cat? Warum hat sie mich denn nicht geweckt?*

Emely setzte sich auf und lauschte. Im Haus war es vollkommen still.

Wahrscheinlich schläft sie noch, wer weiß, wann sie nach Hause gekommen ist.

Emely hatte sie nicht gehört. Gestern Abend hatte sie noch etwas gelesen, aber schon bald waren ihr die Augen zugefallen, und sie war ins Bett gekrochen. Aber sie hatte nicht einschlafen können und sich lange herumgewälzt. Der Wind hatte sich gedreht und das Wummern der Bässe aus dem Festzelt bis zu ihr getragen. Sie hatte an Cat gedacht, die dort ausgelassen tanzte.

Viel Spaß dabei, hatte sie noch gedacht, und dann war sie endlich eingeschlafen.

Es war eine unruhige Nacht gewesen. Immer wieder war sie aus wirren Träumen schweißgebadet aufgeschreckt. Sie konnte sich nicht mehr genau erinnern, nur, dass sie schreckliche Angst gehabt hatte, um ihr Leben gerannt und nicht vom Fleck gekommen war.

Auch jetzt waren diese Traumfetzen nicht greifbar. Aber sie wollte sich auch nicht daran erinnern.

Durst.

Ihr Mund war völlig ausgetrocknet und der Geschmack auf ihrer Zunge einfach widerlich.

Sie griff nach der Wasserflasche auf dem Nachttisch und trank gierig ein paar Schlucke. Das Wasser war lauwarm, ohne Kohlensäure und schmeckte fad. Aber Emely fühlte sich sofort etwas besser. Obwohl …

Es fiel ihr schwer zu schlucken. Der stechende Schmerz in ihrem Kopf war unerträglich. Sie befühlte ihre Stirn. Heiß und feucht.

Oh nein! Bitte nicht, das fehlt noch.

Sie schob die zerknautschte Bettdecke zur Seite und stand auf. Mit wackeligen Beinen tapste sie nach unten.

Cat saß auf der Eckbank, vor sich eine Tasse Kaffee. Sie sah so aus, wie Emely sich fühlte.

„Na, ausgeschlafen?“, fragte Cat. „Kaffee ist schon gemacht, und wenn du willst, back ich dir noch die Brötchen auf. Ich mag noch nichts essen.“

Emely ließ sich auf einen Stuhl fallen.

„Ich auch nicht“, seufzte sie. „Und? Wie war die Party gestern Abend? Oder sollte ich besser sagen: Nacht? Wann bist du eigentlich nach Hause gekommen, ich habe dich nicht gehört?“

„Spät, oder früh“, murmelte Cat. „Ich habe nicht auf die Uhr geschaut.“

„Was bist du denn heute so wortkarg? Normalerweise erzählst du mir brühwarm jedes Detail."

„Ich habe einen Kater, wenn du es genau wissen willst." Cat rutschte von der Bank.

Emely kannte ihre Freundin viel zu gut und hielt sie an der Hand fest. „Kater? Den hast du öfter. Aber ich glaube nicht, dass das der einzige Grund ist, warum du so schrecklich aussiehst."

Cat schüttelte ihre Hand ab. „Danke, gleichfalls. Schau doch mal in den Spiegel!"

„Lenk jetzt nicht ab. Ich sehe dir an, dass etwas nicht stimmt mit dir. Ist … also, was war los?"

Cat knallte ihr eine Tasse mit Kaffee auf den Tisch und fuhr sich durch die zerzausten Haare.

Das werde ich dir nicht erzählen, dachte sie verzweifelt. *Niemals!*

Vor ihre Augen schob sich ein Bild.

Der Mann, mit dem sie getanzt hatte. Sein Körper, der langsam im Wasser davontrieb. Das Spiegelbild des Mondes an der Stelle, wo er untergegangen war.

„Cat?" Emely zupfte an ihrem Pullover. „Alles gut mit dir?"

„Ja doch", erwiderte Cat und strich ihr beruhigend über die Haare.

Irgendetwas würde sie Emely erzählen müssen. Irgendetwas, damit sie Ruhe gab. Aber was? Cat hatte es immer noch nicht geschafft, ihre Gedanken in den Griff zu bekommen. Ihre Gefühle im Zaum zu halten, die sie förmlich überrollten.

Ich habe einen Menschen getötet.

Es war Notwehr.

Aber ich *habe getötet.*

Cat wusste nicht einmal mehr, wie sie eigentlich nach Hause gekommen war. Da war nur noch die Erinnerung, wie Lisa sie fortgescheucht hatte. Und danach? Sie hatte sich geduscht und umgezogen. Ja, das hatte sie gemacht.

Und den Rest der Nacht auf der Eckbank kauernd verbracht, aus dem Fenster gestarrt und doch nichts gesehen.

Immer nur das Spiegelbild des Mondes. Auf dem Weiher.

„Also willst du jetzt ein Brötchen?“, fragte sie betont munter.

Emely schüttelte den Kopf. „Haben wir noch eine Banane? Oder von diesen Keksen?“

„Huch! Banane und Kekse zum Frühstück? Jetzt sagst *du* mir, was mit dir los ist! Bist du krank?“ Cat befühlte Emelys Stirn.

„Hm, fühlt sich nicht gut an. Hast du Halsschmerzen?“

„Ich kann gar nicht richtig schlucken. Wahrscheinlich habe ich mich erkältet, sicher keine Grippe, aber ich fühle mich elend.“

Willkommen im Club, dachte Cat.

Sie öffnete einen Küchenschrank und nahm die angebrochene Keksschachtel heraus. Zwei Bananen und eine Orange lagen neben der Spüle.

„Hier, darfst du alles alleine essen.“

Emely schälte die Banane. „Also, es tut mir echt leid, aber ich glaube, heute musst du ohne mich auskommen. Also falls du wieder eine Wanderung machen möchtest. Ich fühle mich viel zu schlapp.“

Cat hatte nicht vor, auch nur einen Fuß vor die Türe zu setzen.

„Und wegen heute Abend, ja ich weiß, ich habe es dir fest versprochen, aber da musst du auch alleine zu dieser Hexenfeier gehen."

„Ich werde auch nicht hingehen", sagte Cat. Sie pulte an der Schale der Orange und wunderte sich, dass ihre Finger nicht zitterten.

„Was? Keine Party? Wir sind doch extra deswegen hierhergekommen?"

Cats Fingernägel bohrten sich in das Fruchtfleisch der Orange. *Ich muss jetzt etwas sagen. Eine Ausrede finden.*

„Also eigentlich habe ich gestern Abend schon alles erlebt, was man hier erleben kann."

Ich habe getötet.

„Die Leute hier … also meine Welt ist das jetzt nicht. Klar, es hat Spaß gemacht zu tanzen und alles …"

Einen Menschen erschlagen.

„Aber, ehrlich gesagt, habe ich jetzt schon genug von diesem Rummel." Cat leckte sich den Saft der Orange von den Fingern. „Ich glaube, du hattest recht, es war eine dämliche Idee, hierherzukommen."

„Oh!" Emely sah Cat überrascht an. „Na gut, dann leg ich mich jetzt noch ein wenig hin. Vielleicht geht es mir später besser, und wir könnten dann wenigstens mit dem Auto nach Seltberg hinunterfahren und dort irgendwo in ein Lokal gehen, wo es gemütlich und ruhig ist. Ich möchte nicht schon wieder von dieser Wurst essen müssen."

Cat legte die Orange zur Seite und nahm ihre Hand.

„Weißt du was? Du bist krank, und mir reicht es. Also warum packen wir nicht unsere Sachen und fahren nach Hause? Ich fahre natürlich. In drei

Stunden sind wir daheim, da haben wir einen gut gefüllten Kühlschrank und können es uns gemütlich machen. Was sollen wir noch hier?"

Emely fühlte sich gleich besser, als sie an ihr schönes Zuhause dachte. An ihren Platz auf der großen Couch.

„Meinst du wirklich?"

Cat war der Gedanke ganz plötzlich gekommen. Der dringende Wunsch, von hier zu verschwinden. Dass Emely krank geworden war – ein glücklicher Zufall. Wie sonst hätte sie eine überstürzte Abreise begründen können?

„Na gut, aber wir müssen noch die restliche Miete bezahlen und die Endreinigung und …"

Cat sprang auf. „Ich kümmere mich darum. Ich laufe schnell hinunter ins Hotel. Du kannst ja schon ein paar Sachen packen und ins Auto legen. In spätestens einer Dreiviertelstunde bin ich zurück, und dann helfe ich dir. Wo ist dein Geldbeutel?"

Selbstverständlich musste sie mit Emelys Kreditkarte zahlen, nicht zum ersten Mal – und sie kannte den Pin auswendig.

„Oben, in der Nachttischschublade", sagte Emely.

Kurze Zeit später kam Cat die Treppe herab und stopfte den Geldbeutel in den blauen Rucksack. „Also, dann geh ich …"

Vor dem Haus hielt ein Motorrad.

„Erwartest du einen Verehrer?", fragte Emely und wollte zum Fenster.

„Nicht!", zischte Cat. „Geh weg." Sie war blass geworden.

Emely gehorchte verwundert. „Wer ist das?“, sagte sie leise und fragte sich im selben Moment, weshalb sie flüsterte.

Cat antwortete nicht, sondern legte sich einen Finger auf die Lippen.

Das Hämmern an der Türe ließ sie beide zusammenzucken.

„Wilf!“, brüllte Mirko. „Wilf, verdammt noch mal. Wenn du da drin bist, komm jetzt sofort raus. Ich habe keine Lust mehr, dir hinterherzulaufen!“

Nun wurde auch Emely bleich. Das war der Kerl von der Bahn. Das Scheusal, das ihr zwischen die Beine gegriffen hatte.

Was will der hier? Und wer ist dieser Wilf?

Also muss gestern Abend doch etwas vorgefallen sein.

Jetzt war sich Emely sicher. Cat war in irgendetwas hineingeraten, das diesen Mistkerl dazu veranlasste, hier vor der Tür herumzubrüllen.

Sie blieb ganz still in der Ecke stehen.

Mirko lauschte. Im Haus regte sich nichts. Aber er war sich sicher, dass die Schlampe da drin war. Im Dorf hatte sie niemand gesehen.

Die Hexe hockte in ihrem Häuschen und lachte womöglich über ihn!

Wütend hämmerte er mit beiden Fäusten an die Tür. „Ich weiß, dass du zu Hause bist, du Hure. Dein Auto steht da! Also mach verflucht noch mal die Tür auf und sag mir, wo mein Freund abgeblieben ist!“

Keine Reaktion. Er ging zum Fenster und spähte hinein. Auf dem Tisch eine Tasse, Orangenschalen und eine halbe Banane.

Wo steckst du? Er verrenkte sich den Hals, aber er konnte niemanden sehen.

Verdammt. Er konnte sie förmlich spüren.

Oder täuschte er sich? Und litt an Verfolgungswahn? Vielleicht hatte Rita tatsächlich recht. Dass dieses Weib einfach nur total verrückt war. Sich tatsächlich an nichts erinnern konnte. Denn sonst hätte sie doch längst …

Die Ungewissheit, seit er sie bei ihrer Ankunft durch das Fenster beobachtet hatte, machte ihn fertig. Und nun war auch noch Wilf unauffindbar.

Verflucht!

Wilf war ein ausgemachter Trottel, aber das jetzt passte einfach nicht zu ihm. Mirko stand vor der Türe und wusste nicht, was er jetzt tun sollte.

Einfach die Türe eintreten? Jetzt, am helllichten Tag? Er fuhr sich durch die Haare und kam sich vor wie ein Idiot. Das machte ihn noch wütender.

„Mach endlich die Tür auf!“, brüllte er und trat mit seinen schweren Stiefeln dagegen. Immer und immer wieder.

Ich werde einbrechen, wenn es sein muss!

Es wäre nicht das erste Mal. Dieses Türschloss war ein Witz, und er wusste genau, wie man es knackte.

„Ich werde hier nicht weggehen!“, schrie er. „Hörst du? Ich komm jetzt rein, aber es wäre besser für dich, wenn du freiwillig die Tür aufmachst.“

„Was machen Sie denn da?“ Eine empörte Stimme hinter seinem Rücken.

Mirko zuckte zusammen und drehte sich um.

Ein älteres Ehepaar in diesen lächerlichen Klamotten, die alle Touristen hier für angebracht hielten, stand auf der Straße und glotzte. Misstrauisch auf die Wanderstöcke gestützt.

„Das geht euch einen feuchten Dreck an“, schnauzte Mirko sie an. „Macht, dass ihr weiterkommt, verpisst euch!“

Das hätte er nicht sagen sollen.

Der Mann, der Mirko vorkam wie ein pensionierter Oberlehrer, schnaubte empört und plusterte sich regelrecht auf. „Was fällt Ihnen ein, so mit uns zu reden! Randalieren hier und …“

„Das müssen wir uns nicht bieten lassen!“, unterstützte ihn seine Frau.

„Versteht ihr kein Deutsch? VERPISST EUCH!“

„Sie sind anscheinend betrunken und ah …“ Der Mann deutete auf das Motorrad. „Auch noch mit einem Fahrzeug unterwegs. Vielleicht sollte ich die Polizei rufen.“

„Ja, Herbert. Mach das, ruf die Polizei.“ Die Frau fuchtelte aufgeregt mit ihrem Wanderstock.

Normalerweise hätte Mirko nur gelacht. Damit sich sein Onkel Jürgen aus seinem Sessel bequemte, ins Auto quetschte und von Seltberg hier rauffuhr, brauchte es mehr als den Anruf irgendwelcher Touristen, die sich echauffierten.

Aber heute war er mit zwei seiner Kollegen wahrscheinlich schon da. Heute stieg die große Feier. und wie jedes Jahr würde die Polizei dafür sorgen, dass nichts aus dem Ruder lief.

Er konnte jetzt keinen Ärger gebrauchen.

Der Mann nestelte in der Tasche seiner wetterfesten Wanderjacke. Er suchte sein Handy.

Mirko sah zur Tür. Immer noch geschlossen, was sonst.

Na schön, ich erwisch dich schon noch!

Er schwang sich auf sein Motorrad und ließ den Motor aufheulen.

Wilf war nicht hier, sonst wäre er schon längst mit eingezogenem Schwanz aus der Türe gekrochen. Aber er würde sich jetzt erst einmal verziehen. Noch mal ins Dorf fahren, vielleicht war Wilf inzwischen doch irgendwo aufgetaucht.

Und dann komm ich zurück, du Miststück, und mache der Sache ein Ende!

Er brauste so dicht an dem Ehepaar vorbei, dass sie hastig rückwärts in die Wiese springen mussten.

„Unerhört! Sie Flegel!“

Mirko grinste.

Ich hoffe, ihr seid in einen extra frischen Kuhfladen getreten!

Emely ließ sich kreidebleich auf einen Stuhl fallen. „Was … was um Himmels willen war das jetzt?“, stotterte sie. „Was wollte dieser Kerl hier? Und weshalb war er so wütend?“

Als Cat keine Antwort gab, bohrte sie nach.

„Wer ist denn dieser Wilf, und wie kommt er auf die Idee, dass er hier bei uns sein könnte?“

„Ach der“, sagte Cat desinteressiert und wedelte mit der Hand. „Ich habe gestern den ganzen Abend mit ihm getanzt, und ich glaube, das hat seinen Freund ziemlich eifersüchtig gemacht.“

„Aber das ist doch kein Grund, so herumzubrüllen? Er hat ja fast die Türe eingetreten.“ Emely war fassungslos.

„Was weiß denn ich, was zwischen den beiden später noch vorgefallen ist! Und es interessiert mich auch nicht. Zwei Dorfcasanovas, die ihr Revier verteidigen. Aber beruhige dich, er ist ja jetzt weg, und wir …“ Sie schlüpfte in ihre Stiefel. „Wir werden auch gleich weg sein. Dann können die sich in Ruhe die Köpfe einschlagen.“

Sie warf sich den Rucksack auf die Schulter und wollte die Türe öffnen.

„Warte!“ Emely spähte aus dem Fenster. Sie hatte Angst, dass der Mann umgedreht hatte. Aber es war niemand zu sehen, und sie hätte ja auch das Motorrad hören müssen.

„Reg dich ab und fang schon an zu packen“, sagte Cat. „Ich gehe jetzt, in spätestens einer Dreiviertelstunde bin ich zurück.“

„Willst du nicht lieber das Auto nehmen?“

„Nein, du kannst schon alles einladen, und wir können gleich losfahren, wenn ich zurück bin.“

„Na schön, aber sei vorsichtig. Ich glaube, dieser Kerl ist nicht ganz richtig im Kopf. Oder betrunken."

„Mach dir keine Sorgen, im Dorf wimmelt es von Leuten, und da wird er es kaum wagen, mich zu belästigen. Verriegle einfach die Tür hinter mir!"

Emely sah ihr nach, wie sie leichtfüßig die Straße hinunterlief.

Der blaue Rucksack leuchtete im Sonnenlicht. Ein hübsches Bild, das zu diesem milden Frühlingstag passte.

Emely schloss die Tür.

Es war still im Haus. Viel zu still.

Denn nun konnte Emely die ängstliche Stimme in ihrem Kopf deutlich hören.

Irmi lief unruhig durch die Hotelküche und inspizierte den brodelnden Inhalt der Töpfe. Damit ging sie ihrem Sohn Bernd gehörig auf die Nerven. Normalerweise stand er nur noch in der Hochsaison in der Küche, aber jetzt wurde jede Hand gebraucht.

„Mama, bitte, du stehst uns im Weg herum." Er schob sie sanft zur Seite.

„Ist Lisa immer noch nicht da?"

„Siehst du sie vielleicht hier irgendwo?", antwortete er unwirsch. Bernd Tremmel war verärgert. Er mochte Lisa, er mochte diese junge Frau wirklich. Und normalerweise konnte man sich hundertprozentig auf sie verlassen. Aber gerade heute – ausgerechnet! – war sie nicht aufgetaucht. Wenn sie krank geworden wäre, hätte ihre Stiefmutter angerufen und Bescheid gegeben.

„Geh und ruf noch mal an", sagte er zu Irmi und wischte sich den Schweiß von der Stirn.

Geh aus der Küche und bleib auch draußen! Das würde er natürlich nie laut sagen.

„Ich habe es schon mehrmals versucht, es nimmt niemand ab, aber wie du meinst."

Er sah ihr erleichtert hinterher, als sie endlich die Küche verließ. Bernd wusste, dass seine Mutter Lisa ins Herz geschlossen hatte und sich ständig um sie sorgte. Aber er hatte jetzt wirklich keine Zeit.

„Chef, wer kümmert sich denn jetzt um die Kartoffeln?"

Das war ein echtes Problem.

Als Irmi in die Hotelhalle kam, traute sie ihren Augen nicht. Die Schaufensterpuppe stand nackt in ihrer Ecke. Irgendwelche Scherzkekse hatten das Kostüm samt Perücke geklaut. Auf der fahlen Brust klebte ein Zettel.

„Morgen früh bringe ich alles zurück."

Irmi seufzte. Ja, morgen würde der ganze Wahnsinn vorbei sein, und wenn es das Schlimmste war, was dieses Jahr vorfiel, konnten sie dankbar sein.

Der Empfang war verwaist, also setzte sich Irmi auf den Drehstuhl, auf dem sie viele Jahre verbracht hatte, und griff zum Telefon.

Sie kannte die Nummer auswendig. Ihr Gedächtnis funktionierte noch hervorragend, und Zahlen waren immer ihr Metier gewesen. Sie hatte schließlich jahrelang die ganze Buchhaltung alleine gemacht, und auch heute noch ließ sie es sich nicht nehmen, einen Blick in die Bücher zu werfen – auch wenn Monika das für unnötig hielt.

Es läutete endlos, und Irmi trommelte nervös mit den Fingern. Rita war anscheinend nicht zu Hause, ebenso ihr nichtsnutziger Sohn.

Und Lisa? Wo um Himmels willen steckt sie?

Wenn Lisa die Nummer des Hotels auf dem Display sah, nahm sie manchmal ab, wenn niemand sonst da war.

Sie hatten dafür ein System. Fragen stellen, die man mit Ja oder Nein beantworten konnte, und Lisa klopfte.

Einmal für Ja und zweimal für Nein.

Drei Teenager liefen kichernd an Irmi vorbei Richtung Speisesaal. Ein spätes Frühstück oder ein frühes Mittagessen, die jungen Leute hatten ja ganz andere Vorstellungen von Zeit. Irmi legte auf.

Und jetzt? Niemand hatte heute die Zeit, um mit ihr durch die Gegend zu kutschieren. Sie könnte selbst bis zum Hof laufen und nach Lisa sehen.

Könnte. Wenn nur ihr Knie nicht so schmerzen würde. Ausgerechnet heute.

Mirko kurvte über den Hotelparkplatz. Durch die Scheiben konnte er die alte Hexe sehen, die ihn grimmig anstarrte.

Blöde Kuh!

Er hatte der Seniorchefin nie etwas getan. Kaum ein Wort mit ihr gewechselt, aber Mirko wusste, dass sie ihn verabscheute.

Aber wen kümmert das?

Er parkte das Motorrad und lief durch das Festzelt, das schon wieder gut besucht war. Er schlenderte zwischen den Zelten hindurch, die rings herumstanden. Und manchmal bückte er sich und spähte hinein.

Es gab ein lautes Geschrei, als er ein eng umschlungenes Liebespaar störte.

„Hau bloß ab, du verdammter Spanner!“, brüllte der junge Mann.

„Reg dich ab, du Spasti“, knurrte Mirko und verzog sich. Das Gefühl, dass er sich wie ein Trottel benahm, wurde übermächtig. Wilf würde sich ganz sicher nicht in einem Zelt den Arsch abfrieren. Wilf war nicht da.

Er war nirgends!

Überall hatte Mirko nachgeschaut, nachgefragt.

Aber Wilf war wie vom Erdboden verschluckt.

Zeit, nochmals die Schlampe zu befragen.

Und diesmal richtig.

Cat folgte der Straße zum Dorf hinunter. Alles sah noch genauso aus wie gestern – als sie sich fröhlich auf die Wanderung gemacht hatten. In dieser Postkartenidylle.

Aber jetzt kam es Cat vor wie eine viel zu grelle Kulisse. Jeden Moment würde der Vorhang zur Seite gleiten und den Blick auf die schreckliche Wahrheit freigeben.

Auf das, was hier verborgen lag.

Denn es gab es noch mehr Geheimnisse als Wilfs Leiche.

Warum nur denke ich das? Werde ich verrückt, verliere ich jetzt den Verstand?

Cat war immer stark gewesen, nichts hatte sie jemals aus der Bahn geworfen. Es gab kaum etwas, das sie erschüttern konnte. Ganz im Gegensatz zu Emely, die es nicht einmal ertrug, sich die Nachrichten anzuschauen. Die sich hinter einem Buch verkroch, wenn Cat sich einen Krimi oder Horrorfilm ansah.

„Wie kannst du dir das nur ansehen?“, hatte sie letztens kopfschüttelnd gefragt. „Diese Verbrechen, dieses Gemetzel, einfach nur abscheulich!“

„Ist doch alles nicht echt“, hatte Cat lachend geantwortet und ungerührt Chips gefuttert.

„Jetzt sieh dir die an!“ Bei diesem Film war Cat von der Couch gehüpft vor Empörung. „Ich an ihrer Stelle – also *ich* würde den Kerl umbringen! Und zwar auf eine möglichst schmerzhafte Weise.“

„Könntest du das? Könntest du wirklich jemanden ermorden?“

„Ja hast du nicht mitbekommen, was der Kerl ihr angetan hat? So jemand hat es nicht verdient zu leben! Also wenn das mir passieren würde, ich hätte nicht die geringsten Hemmungen, mich zu rächen. Man muss nur aufpassen, dass man nicht erwischt wird.“

Cat war so davon überzeugt gewesen. Vollkommen sicher, dass es ihr rein gar nichts ausmachen würde, jemanden …

Jetzt hatte sie es getan.

Getötet.

Sie hatte das nicht gewollt, sie hatte sich doch nur gewehrt. War es wirklich so gewesen?

Und jetzt kannte sie sich selbst nicht mehr. Sie fühlte sich völlig aus der Bahn geworfen, ängstlich, schreckhaft. So wie Emely. Ein kleines Mädchen, das sich vor den Ungeheuern unter dem Bett fürchtete.

Es hat irgendetwas mit diesem Ort zu tun. Vielleicht ist er doch irgendwie verhext oder verflucht, grübelte sie und kam sich ziemlich dumm vor.

Aber es gab doch sicher einen Grund, einen Ursprung, warum ausgerechnet hier die Walpurgisnacht so wichtig war. Vielleicht waren hier früher schlimme Dinge passiert, die bis heute einen Einfluss auf die Menschen hatten und sie dazu brachten, durchzudrehen, böse Dinge zu tun.

So ein Unsinn. Jetzt reicht es aber! Cat blieb abrupt stehen und kniff sich in die Wange. *Komm zu dir, sonst wirst du tatsächlich noch verrückt*, schalt sie sich selbst.

Ich habe ihn in Notwehr getötet, Lisa wird mich nicht verraten, denn er hat es verdient! Sie hat sogar auf seine Leiche gespuckt. Also, wir fahren jetzt nach Hause, und dann ...

Dann hatte sie alle Zeit der Welt, sich mit ihren Schuldgefühlen herumzuschlagen.

Sie erreichte die Abzweigung zur Sesselbahn. Dutzende standen Schlange und warteten darauf, dass sie an der Reihe waren. Die meisten waren mehr oder weniger originell kostümiert. Oben bei der Station hatte man eine Bar aufgebaut, ein paar Meter neben dem größten Scheiterhaufen des Dorfes. Mit der besten Aussicht auf die vielen Feuer, die heute Nacht brennen würden.

Ohne uns, dachte Cat ohne Bedauern und wollte weitergehen.

Da sah sie ihn.

Er rollte auf seinem Motorrad langsam aus dem Dorf und kam direkt auf sie zu.

Mirko musterte die Menschenmenge, die sich nun auf den Straßen herumtrieb. Aufgekratzt und in Feierlaune.

Normalerweise wäre er jetzt mittendrin. Links und rechts untergehakt bei zwei hübschen Mädchen, mit denen er mehr als nur Spaß haben könnte. Aber jetzt?

„Hallo, schöner Mann! Kann ich auf deinem Motorrad mitfahren?"

Die Blondine sah heiß aus in ihrem Hexenkostümchen mit den wild toupierten Haaren. Und wer weiß, was jetzt passiert wäre.

Wenn er *sie* nicht entdeckt hätte.

Sie stand wie angewurzelt auf der Straße und starrte in seine Richtung.

Hab dich, dachte Mirko und ließ den Motor aufheulen.

Im gleichen Moment rannte sie los.

Es gab nur eine Möglichkeit.

Ich muss unter die Leute, jemand wird mir helfen, wenn er ...

Cat drängelte sich zwischen die Wartenden vor der Bahn.

„He, was soll denn das?“

Sie ignorierte die erbosten Zwischenrufe und stellte sich ganz nach vorne. Sie schielte zu dem Mann, der den Passagieren in die Sessel half. Anscheinend war die Fahrt an diesem Tag umsonst. Cat stellte sich auf die Zehenspitzen und sah nach hinten.

Er war schon vom Motorrad gestiegen.

Gleich ist er hier!

Cat wurde panisch und schubste die Frau, die vor ihr in einen Sessel steigen wollte, zur Seite, und sprang hinein. Mit einem Ruck wurde sie davongetragen.

Hinter ihr erklangen wütende Rufe. Ihr Herz klopfte heftig, und sie wagte es nicht, sich umzudrehen. Unter ihr zogen die Wipfel der Tannenbäume vorbei wie ein rollender Teppich, auf dem sich die hellen Linien der Wanderwege wie ein Muster schlängelten.

Cat hatte keinen Blick für dieses friedliche Bild.

Wie komme ich hier wieder runter? Emely wird sich furchtbare Sorgen machen, wenn ich so lange weg bin.

Cat machte sich schon jetzt Sorgen.

Vor allem um sich selbst.

Mirko sah ihr mit offenem Mund hinterher. Der blaue Rucksack, der in der Ferne verschwand, schien ihn regelrecht zu verhöhnen. Als würden sie irgendein kindisches Spiel spielen, das er nun gerade verloren hatte.

Verdammtes Miststück.

Mit den Ellenbogen bahnte er sich einen Weg durch die Menge. Er würde sie einholen, und dann Gnade ihr Gott, wenn sie das Maul nicht aufmachte! Wenn sie ihm nicht sagte, was mit Wilf passiert war.

Was für ein mieses Spiel hier lief!

„Mirko! Na endlich. Wurde aber auch Zeit, dass mich einer hier ablöst. Ich sollte schon längst …"

Mirko ignorierte seinen lamentierenden Chef und schwang sich in den nächsten freien Sessel.

„Was zum Teufel soll das? Wo willst du denn hin?"

„Ich habe heute frei!", brüllte Mirko über die Schulter zurück.

Es würde Ärger geben, das war sonnenklar. Aber Mirko verschwendete keinen Gedanken daran. Wichtig war nur, dass er *sie* endlich in die Finger bekam.

Er zuckelte gemächlich bergauf.

Viel zu langsam. Mirko wäre jetzt gerne wie ein Falke in den Himmel aufgestiegen.

Cat sprang aus dem Sessel und wurde sofort von einer Gruppe junger Männer umringt.

„Ja, was kommt denn da für eine Schönheit angeschwebt?“

Sie trugen alle die gleichen roten Hemden, auf den Köpfen, blinkten lächerliche Teufelshörner aus Plastik.

Der junge Mann, auf dessen Brust ein Schild verkündete *nur noch eine Woche zu haben*, hielt ihr ein Bierglas unter die Nase.

„Ganz alleine? Das ist aber gefährlich heute Nacht! Hier, nimm erst mal einen Schluck.“

Cat versuchte, aus dem Kreis zu entkommen. Es war hoffnungslos. Es war erst drei Uhr nachmittags, aber rund um die Bar herrschte schon ein Gedränge, und sie kam keinen Schritt weiter.

„Bleib bei uns, holde Maid, wir werden dich beschützen!“, lallte ihr einer von ihnen ins Ohr. Er schwankte unsicher. „Trink etwas mit uns, komm schon. Was willst du? Ich hol dir jeden Drink den du möchtest!“

„Nein, danke! Ich bin verabredet!“ Cat musste schreien, denn nun war ein DJ aufgetaucht, und der hämmernde Rhythmus des ersten Stücks brandete wie eine Woge über sie herein.

„Mit einer Freundin? Ist die auch so hübsch wie du? Soll nur kommen!“ Die Männer lachten, dann wurde sie gepackt und herumgewirbelt.

„Komm, tanz mit mir!“

Vergeblich versuchte sie sich aus den Armen des Mannes zu winden, der sich mit ihr unbeholfen im Kreis drehte. Vor ihren Augen verschwammen die Gesichter, der Lärm war unerträglich, und sie fühlte sich eingekesselt von lauter Wahnsinnigen.

Ich muss hier weg!

Sie hatte vor, den steilen Weg zu nehmen, der eine Abkürzung zurück ins Dorf war. Sie wollte schnell zurück, sich mit Emely ins Auto setzen und den ganzen Irrsinn hinter sich lassen.

„Viel zu gefährlich mit Turnschuhen!" Emely hatte gestern den schmalen Pfad für unbegehbar erklärt, und sie hatten die gemütliche, längere Strecke gewählt.

„Lass mich los!", brüllte Cat und konnte sich endlich aus den Armen des Mannes lösen. Er torkelte und verzog beleidigt das Gesicht. „Was willst du denn eigentlich hier, hä? Wenn du keinen Spaß verträgst, bleib doch zu Hause, du dumme Kuh!"

Cat hörte das nicht mehr.

Ihre ganze Aufmerksamkeit war auf den Sessel gerichtet, der eben die Station erreichte.

Er hatte sie auch entdeckt und winkte ihr zu.

Mirko konnte noch sehen, wie sie sich durch das Partyvolk drängte. Davontrieb wie ein Korken im Wasser. Dann endlich war er angekommen und konnte aus dem Sessel springen, ohne sich die Beine zu brechen.

Er rannte los. Rücksichtslos die Ellenbogen gebrauchend, bahnte er sich einen Weg durch die Menge.

Wo ist sie hin?

Er sah sich um. *Ist sie umgekehrt? Schleicht sie hinter mir vorbei und steigt wieder in die Bahn?*

Er wollte sich schon umdrehen, da sah er etwas Blaues zwischen den Bäumen aufblitzen.

In den Wald! Du rennst in den Wald. Wie dumm von dir.

Egal, wie schnell sie war, er war größer und hatte die längeren Beine.

Gleich bin ich bei dir, mein scheues Reh!

Unter seinen schweren Motorradstiefeln knackten die Äste. Sie würde ihn hören, aber was machte das schon.

Er konnte sie sehen. Sie hatte den Weg verlassen und lief quer durch den Wald.

Das wird dir nichts nützen!

Der Abstand verringerte sich, und Mirko lachte triumphierend.

„Du hast keine Chance, also bleib stehen!“

Sie rannte weiter, ohne sich umzudrehen. Der Rucksack hüpfte auf ihrem Rücken auf und ab, als sie über ein paar Felsbrocken sprang.

Ein Ast schlug ihm wie ein Peitschenhieb ins Gesicht.

„Verfluchte Scheiße!“

Seine Wange brannte wie Feuer, als er darüberstrich.

„Mach nur so weiter, du wirst umso mehr büßen!“

Im Laufen starrte er auf seine Handfläche. Blut! Wegen dieser Schlampe blutete er jetzt!

„Bleib stehen, du verfluchte …“

Weg.

Eine Sekunde hatte er sie aus den Augen gelassen, und nun war sie wie vom Erdboden verschluckt.

Er blieb stehen und lauschte. Außer dem Gezwitscher der Vögel und seinem eigenen, keuchenden Atem war nichts zu hören.

Er war nicht besonders gut in Form, das musste er sich eingestehen. Und wenn das jetzt so weiterging, konnte es tatsächlich passieren, dass sie ihn abhängte.

Ihm schon wieder entwischte!

Zornig ballte er die Fäuste und ging langsam weiter. Sie musste hier irgendwo sein.

Na? Wo hast du dich versteckt? Ich kriege dich schon noch zu fassen, du Luder!

Cat kauerte hinter einer umgestürzten Tanne und beobachtete ihn, wie er vorsichtig die Füße aufsetzte, um möglichst kein Geräusch zu verursachen. Ihre Beine zitterten vor Anstrengung, und sie krümmte sich vor Seitenstechen.

Hektisch sah sie sich um. Noch ein paar Schritte, dann bot ihr der Stamm keine Deckung mehr, selbst wenn sie sich flach auf den Boden drückte.

Er kam tatsächlich direkt auf sie zu. Als hätte er sie wie ein Hund gewittert.

Er würde nicht aufgeben. Er schien wie besessen von ihr.

Das hatte sie schon in der Bar irritiert, als er sie angestarrt hatte, als hätte er einen Geist gesehen. Es ging hier nicht um Wilf.

Oder doch? Wusste er, was mit ihm geschehen war? Dass sie ihn umgebracht hatte?

Diese Wut und der Hass in seinen Augen, was sonst könnte der Grund sein.

Sie wollte es nicht herausfinden.

Und es gab nur einen Ausweg.

Sie sprang aus ihrem Versteck und schlitterte den steilen Abhang hinunter, an dessen Fuß sich eine Wiese ausbreitete. Sie konnte nur beten, dass sie nicht ausrutschte und sich überschlug.

Und sich die Beine oder das Genick brach.

Es ging fast senkrecht bergab. Mit beiden Händen hielt sie sich an den Baumstämmen fest, um den Schwung abzubremsen. Er folgte ihr, und eine kleine Lawine aus Steinen kollerte an ihr vorbei. Sie konnte hören, wie er fluchte.

Es klang entsetzlich nahe.

Cat ruderte mit den Armen, um das Gleichgewicht zu halten.

Schneller! Nur noch ein kleines Stück! Sie japste nach Luft.

Mit einem heftigen Ruck wurde sie nach hinten gerissen.

Er hatte den Rucksack zu fassen bekommen, und nun hing sie hilflos fest.

„Hab ich dich endlich, du verfluchte Schlampe!“, keuchte er.

Cat versuchte, sich loszureißen. Er bekam einen Hustenanfall, und für eine Sekunde lockerte sich der Zug an ihren Schultern. Es gelang ihr, aus den Trägern zu schlüpfen.

Schnell!

Sie wollte losrennen, es waren nur noch ein paar Meter bis nach unten. Bis zu der Wiese. Auf der ein Scheiterhaufen stand, um den sich ein paar weiß gekleidete Hexen versammelt hatten.

Hilfe! Helft mir doch!

Sie wollte schreien, da packte er sie an den Haaren.

Es ist doch eine Grippe! Wahrscheinlich habe ich jetzt auch noch Fieber.

Emely war in Schweiß gebadet, ihre Glieder schmerzten, und sie konnte kaum stehen. Trotzdem lief sie unruhig auf und ab und blickte alle paar Minuten aus dem Fester.

Cat. Wo um Himmels willen bleibst du denn?

Es war inzwischen fünf Uhr vorbei. Die Frühlingssonne hatte sich verabschiedet, und Cat hätte längst zurück sein müssen. Ihr Handy hatte sie in der Eile auf dem Tisch liegen lassen.

Ist sie diesem Kerl in die Hände gelaufen? Emely wollte gar nicht daran denken.

Oder hatte sich Cat doch von irgendwelchen Leuten dazu überreden lassen, mitzufeiern?

Nein, Unsinn.

Es hatte ziemlich überzeugend gewirkt, als Cat gesagt hatte, sie hätte die Nase voll von diesem Hexenzirkus.

Es muss etwas passiert sein!

Emely knabberte nervös an ihren Fingernägeln. Immer wieder hatte sie sich gesagt, jetzt warte ich noch genau zehn Minuten. Dann noch mal zehn und noch mal. Und die Zeit war verstrichen, lautlos und unbarmherzig, während sie sich die schlimmsten Dinge ausmalte.

Schluss jetzt!

Emely stampfte mit dem Fuß auf. *Ich fahre ins Dorf, und wehe, wenn ich sie irgendwo vergnügt in einer Gläser schwenkenden Runde erwische.*

Emely nahm die Autoschlüssel, die sie auf ihren gepackten Koffer gelegt hatte.

Sie fühlte sich wackelig auf den Beinen, aber endlich etwas zu unternehmen war hundertmal besser, als in diesem Haus zu sitzen und Löcher in die Luft zu starren.

Unten im Dorf kam Emely nur im Schritttempo voran. Es schien, als hätte sich hier die halbe Welt versammelt. Ein Strom von Menschen schob sich durch den Ort. Viele von ihnen waren bereits ziemlich angeheitert.

Wieder einmal konnte sich Emely nur wundern. Partys, Verkleidungen, Fasching, all das war ihr fremd, und sie konnte nicht verstehen, was daran Spaß machen sollte.

Ein hässliches Wesen warf sich bäuchlings auf die Kühlerhaube.

Emely stieß einen entsetzten Schrei aus und trat auf die Bremse.

Das Wesen kroch auf sie zu, und Emely beobachtete wie versteinert, wie es nach einem Scheibenwischer griff und ihn anhob.

Glitzernde Augen fixierten sie aus der geschwärzten Maske eines Teufels.

Zwei Hexen klopften mit behandschuhten Händen an das Seitenfenster. Emely konnte sich nicht rühren. Wie in Zeitlupe schob der Teufel einen pinkfarbenen Zettel unter den Scheibenwischer.

Happy Hour im Zelt! Der erste Drink ist gratis!

Er hielt den Daumen in die Höhe und rutschte von der Kühlerhaube. Die Hexen folgten ihm lachend, als er in der Menge verschwand.

Ein alberner Scherz, und ich benehme mich wie ein ängstliches Kleinkind!

Sie versuchte, darüber zu lachen, aber sie war immer noch nervös, als sie vor dem Hotel parkte.

„Guten Abend, Frau Tremmel."

Monika sah von ihren Unterlagen auf und zuckte zusammen. „Oh, hallo Frau Kramer. Ist … ist etwas nicht in Ordnung?"

„Nein … also ja, ich ... Es geht mir nicht gut, ich glaube, mich hat eine Grippe erwischt."

„Oh, das tut mir aber leid! Dann können Sie ja heute Abend gar nicht mitfeiern?"

Emely seufzte. „Das hatte ich auch gar nicht vor. Ich bin ja nicht deswegen hier raufgefahren. Ich wollte mich ein wenig erholen, aber meine Mitbewohnerin …"

Monika sah sie irritiert an. „Mitbewohnerin?"

„Ja, meine Freundin Cat, also Katja Hass, sie wollte unbedingt hier Party machen."

„Also ich dachte, Sie sind alleine hier."

Einen Moment war Emely verwirrt. Dann fiel ihr ein, dass Cat im Auto geschlafen hatte, als sie angekommen waren. Und anscheinend hatte sie der Frau gegenüber bei der Anmeldung nicht erwähnt, dass sie zu zweit waren.

„Also, kurz gesagt, wir möchten heute noch abreisen." Hastig redete sie weiter, als Monika die Augenbrauen hob. „Es ist wirklich schön hier oben, das Haus ist phantastisch, und wir haben absolut nichts zu beanstanden. Aber jetzt fühle ich mich ziemlich krank, und es macht einfach keinen Sinn, noch länger hier zu bleiben."

Monika nickte verständnisvoll. „Ja, das kann ich verstehen."

„Und vielleicht kommen wir ja wieder."

„Das würde uns sehr freuen."

Monika wandte sich zum Computer, und der Bildschirm leuchtete auf. „Dann schauen wir mal, was noch offen ist."

„Also dann war meine Freundin nicht hier?" Emely sank das Herz.

„Ihre Freundin, nein."

„Vielleicht, als Sie nicht da waren?"

Monika seufzte tief. „Leider sitze ich seit dem Mittagessen auf diesem Stuhl, und ich kann Ihnen versichern, dass ganz bestimmt niemand da war, um mir zu sagen, dass das Bergdohlen-Haus ab heute schon wieder frei wird."

Cat! Wo bist du?

Cat war manchmal eine echte Chaotin, sprunghaft und hatte ständig verrückte Ideen. Aber diesmal hätte sie ganz sicher Wort gehalten. Wenn es Emely nicht gut ging, hatte sie sich noch immer um sie gekümmert.

Es musste etwas passiert sein!

„Also ich berechne Ihnen jetzt nur diese beiden Nächte, und selbst wenn ich noch die Kosten für die Endreinigung hinzunehme, bekommen Sie noch Geld von Ihrer Vorauszahlung zurück!"

Der Drucker spuckte stotternd ein Blatt Papier aus.

Emely hob abwehrend die Hände. „Oh nein, das möchte ich nicht. Für mich ist das so völlig in Ordnung. Ich will auf keinen Fall, dass Sie nun wegen unserer frühzeitigen Abreise einen Verdienstausfall haben.“

Und außerdem hatte sie Glück gehabt. Siedend heiß war ihr eingefallen, dass Cat ihren Geldbeutel mitgenommen hatte.

„Na schön, wenn Sie meinen.“ Monika lächelte gezwungen. „Den Schlüssel können Sie einfach innen an der Türe stecken lassen.“

„Danke, das machen wir.“ Emely schüttelte ihr die Hand und ging zögernd zum Ausgang.

„Vielleicht ist Ihre Freundin ja unten in der Bar?“, rief ihr Monika hinterher. „Oder drüben im Festzelt! Sie hören ja, es ist schon richtig was los.“

Es war nicht zu überhören.

Emely konnte das dumpfe Wummern der Musik am ganzen Körper spüren. Und jedes Mal, wenn die Kellertür aufging und eine der Kellnerinnen im Laufschritt das Foyer durchquerte, stieg der Lärmpegel, bis die Tür wieder ins Schloss fiel.

„Ja, das mache ich.“

Emely musste sich dazu überwinden.

Sie fühlte sich so müde, als wäre sie einen Marathon gelaufen. Völlig erschöpft und ausgelaugt, aber sie wollte sicher sein. Sie musste wissen, ob Cat sie tatsächlich im Stich gelassen hatte und sich hier irgendwo herumtrieb.

Vor ihren Augen verschwamm alles, als sie sich durch die Bar drängte. Verzerrte sich in unscharfe Momentaufnahmen, während sie sich durchs Festzelt quälte.

Immer wieder legten sich Arme um ihre Schultern und versuchten sie aufzuhalten.

„Magst du tanzen?“

„Möchtest du einen Drink?“

Emely hörte ihre eigene Stimme wie aus weiter Ferne, als sie überall nach Cat fragte.

„Lange, schwarze Haare mit einer auffallenden, weißen Strähne?“

„Die wäre mir bestimmt aufgefallen.“

Niemand, einfach niemand wollte Cat gesehen haben.

Wo kann sie nur sein? Völlig erschöpft stand sie schließlich wieder neben dem Auto.

Vielleicht ist sie ja inzwischen zu Hause.

„Sie können hier nicht parken. Hier muss der Shuttlebus wenden.“

Der Mann in Uniform fixierte sie ärgerlich.

„Oh, Entschuldigung! Das wusste ich nicht, aber ich wollte sowieso jetzt wegfahren.“

„Hm, haben Sie denn das Schild nicht gesehen?“

„Nein, tut mir wirklich leid.“ Emely öffnete die Tür und wollte sich ins Auto setzen.

„Sagen Sie mal, kennen wir uns nicht?“ Der Polizist beugte sich vor und musterte sie.

„Nein, ganz bestimmt nicht.“ Emely schüttelte den Kopf. „Ich bin zum ersten Mal für einen Kurzurlaub hier.“

Er sah sie zweifelnd an. „Also ich hätte schwören können … Na ja, vielleicht sehen Sie ja einfach nur jemandem sehr ähnlich.“

„Ja, wahrscheinlich. Also dann, ich muss jetzt“, murmelte Emely müde.

Jürgen Ferber sah ihr nach, als sie davonfuhr.

Ich hätte schwören können ...

Inzwischen war es dunkel geworden. Emely musste anhalten, weil eine Gruppe junger Leute mitten auf der Straße stand und sich nicht einig wurde, in welche Richtung sie gehen sollten.

Kann es sein, dass wir uns die ganze Zeit verpassen? Dass Cat zu Hause ist, während ich hier durch die Gegend fahre?

Emely war inzwischen davon überzeugt. Links von der Straße flutete grelles Scheinwerferlicht über die Talstation der Sesselbahn, die noch in Betrieb war.

Ein Motorrad war davor geparkt.

Das ist doch diese Maschine?

Ihr Herz begann zu klopfen. Zwei Männer gingen darauf zu, heftig gestikulierend. Anscheinend wollte der ältere Mann den jüngeren davon abhalten, davonzufahren.

Das ist er! Plötzlich fiel ihr der Name ein. Mirko.

Emely beobachtete ihn, wie er auf das Motorrad stieg.

Auf dem Rücken trug er einen blauen Rucksack. Der kleine Anhänger funkelte im Licht.

Emely schnappte nach Luft.

Das ist Cats Rucksack! Wieso hat er ... was ist hier nur los?

Ihre Gedanken überschlugen sich. Was sollte sie tun? Aus dem Auto springen, ihn aufhalten und so lange ein Spektakel veranstalten, bis er ihr sagte, wieso er …

Er würde ganz einfach behaupten, dass er den Rucksack gefunden habe, und irgendeine Geschichte erzählen.

Und vielleicht war das ja sogar die Wahrheit.

Er rollte davon, und Emely fuhr ihm nach.

Er will zu uns, dachte sie, als er abbog.

Sie hielt Abstand. Aber er hielt nicht vor dem Bergdohlen-Haus, sondern fuhr weiter, und Emely hielt an. Sein Rücklicht erlosch am Ende der Straße.

Kann das sein? Wohnt er auf diesem Bauernhof? Ganz in unserer Nähe.

Emely fuhr zurück und parkte das Auto. Kein Licht brannte im Haus, aber trotzdem rief sie Cats Namen, als sie es betrat.

Stille. Und alles noch genauso, wie sie es verlassen hatte.

Lisa hatte fast den ganzen Nachmittag in ihrem Versteck im Heu geschlafen und war erst zu sich gekommen, als Rita laut nach ihr rief.

„Lisa? Wo steckst du denn? Die vom Hotel haben dauernd angerufen!"

Lisa fühlte sich immer noch müde, erschöpft wie nach einer schweren Krankheit, als sie die Leitern hinunterkletterte.

„Was ist denn los mit dir? Warum bist du nicht zur Arbeit gegangen? Bist du krank?"

Lisa hatte genickt, aber dann hatte sie Rita doch mit den Tieren geholfen.

Jetzt stand sie in der Küche und schälte Kartoffeln, als sie das Motorrad hörte. Mirko ließ es vor dem Haus stehen, das bedeutete, dass er vorhatte, noch einmal wegzufahren.

Natürlich, heute war ja Walpurgisnacht, da würde er wohl kaum zu Hause bleiben.

Lisa hatte erwartet, dass er in die Küche kam und sein Bier verlangte. Sie hatte die Kühlschranktüre schon geöffnet.

Stattdessen hörte sie, wie er die Stufen in den Keller hinunterpolterte.

Was will er denn da?

Mirko ging nie in den Keller, Er ließ sich bringen, was er brauchte.

Es dauerte nicht lange, und er betrat die Küche. Er sah mitgenommen aus. Blass, die Augen gerötet und seine Hose war verdreckt. War er gestürzt?

„Was ist denn los mit dir?“, fragte Rita und musterte ihren Sohn.

„Nichts“, knurrte Mirko und griff nach dem Bier, das Lisa ihm entgegenstreckte.

„Gehst du wieder weg? Willst du vorher etwas essen?“, fragte Rita.

„Was gibt es denn?“

„Bratkartoffeln, und wenn du willst, brät Lisa dir noch ein Kotelett.“

„Hat Wilf sich gemeldet?“

„Wilf? Nein. Ist er immer noch nicht aufgetaucht?“

Mirko setzte sich schweigend an den Tisch und beobachtete Lisa, wie sie mit geübten Griffen das Essen zubereitete und zwei Teller hinstellte.

„Isst du denn nichts?“, fragte Rita.

Lisa schüttelte den Kopf und deutete mit dem Zeigefinger Richtung Decke.

„Anscheinend bist du tatsächlich krank. Na gut, dann geh und leg dich hin, ich erledige hier den Rest.“

Lisa schlüpfte erleichtert aus der Tür. Keine Sekunde länger hätte sie Mirkos forschenden Blick ertragen.

Keine Sekunde länger diese Übelkeit, die sie erfasst hatte, als er nach Wilf gefragt hatte.

Sie ging in ihr Zimmer und verriegelte die Tür.

Emely hatte kein Licht eingeschaltet. Sie saß auf der Eckbank und starrte aus dem Fenster. Auf den Hügeln wurde ein Feuer nach dem anderen entzündet.

Leuchtende Punkte, die in der Dunkelheit tanzten.

Schön sah das aus. Geheimnisvoll.

Aber Emely hatte keinen Blick dafür. Sie war verzweifelt. Es war inzwischen schon nach sieben, und sie wusste nicht, was sie tun sollte.

Wenn Cat etwas passiert ist, bin ich allein.

Es gab sonst niemanden in ihrem Leben. Wie sehr sie auf ihre Freundin angewiesen war, wurde ihr wieder schmerzlich bewusst.

Cat gab ihr Halt. Zog sie aus den Sümpfen ihrer Depressionen und war die Einzige, die sie verstand. Mit ihrer Energie und Abenteuerlust schaffte Cat es immer wieder, Emely aus ihrem Einsiedlerleben zu locken.

Ich muss zur Polizei! Sie müssen nach ihr suchen!

Aber würden sie das tun? Heute?

Gewiss würde man sie für hysterisch halten und ihr erklären, dass sie erst einmal bis morgen warten sollte. Bis das Fest vorüber war.

„Ihre Freundin amüsiert sich wahrscheinlich gerade bestens irgendwo."

Ja, genau das würde man ihr sagen und sie nach Hause schicken.

Aber der Rucksack!

Auch das war nicht wirklich ein Grund, um sich ernsthafte Sorgen zu machen. Verloren und gefunden.

Ich muss ihn fragen! Er muss mir sagen, wo er den Rucksack herhat, dann hätte man doch wenigstens einen Anhaltspunkt, wo Cat sich aufgehalten hat.

Die Vorstellung, mit diesem Widerling zu reden, brachte sie aus der Fassung. Jagte ihr eine entsetzliche Angst ein, für die es eigentlich keine vernünftige Erklärung gab. Denn was hatte er denn getan? Zwischen die Beine gefasst und vor ihrer Haustüre herumgebrüllt.

Aber das war doch einfach nur schlechtes Benehmen und kein Grund dafür, dass ihr Herz nur schon bei dem Gedanken an ihn zu rasen begann.

Aber was sonst konnte sie denn tun?

Was?

Emely nahm ihre Jacke und verließ das Haus.

Sie kam kaum vom Fleck. Zögernd setzte Emely einen Fuß vor den anderen. Immer wieder drehte sie sich um in der Hoffnung, dass Cat plötzlich angerannt kam.

Schief lächelnd, mit einem schlechten Gewissen.

Aber auf der kleinen Straße bewegte sich nichts.

Also bleibt mir nichts übrig. Ich muss mit ihm reden.

Emely versuchte, sich ihre Worte zurechtzulegen.

Entschuldigen Sie bitte die Störung. Ich habe gesehen, dass Sie den Rucksack meiner Freundin mitgenommen haben ... Nicht gut. *Gefunden haben …* Ja, das klang besser. *Können Sie mir sagen, wo Sie ihn gefunden haben? Meine Freundin ist nämlich ... verschwunden.* Nein. *Immer noch nicht nach Hause gekommen, und ich mache mir Sorgen um sie.*

Das klang doch gut. Freundlich.

Jetzt wusste sie, was sie sagen wollte, aber das beruhigte sie kein bisschen.

Hoffentlich wohnt er nicht alleine. Hoffentlich gibt es jemanden, der mir zu Seite steht, falls er ausfällig wird. Wieder anfängt zu brüllen.

Oder mich anfasst!

Die Erinnerung an seine Hände ließ sie schaudern.

Sie blieb stehen und musterte den Hof und die Umgebung. Unten brannte Licht. Wahrscheinlich in der Küche, diese Vorhänge würden passen. Rund um das Haus herrschte Unordnung, es war kaum zu erkennen, was da alles herumlag. Zögernd ging sie darauf zu.

Etwas berührte ihr Bein, und Emely stieß einen Schrei aus.

Eine Katze. Es war nur eine Katze, die schnurrend ihr Köpfchen an ihre Wade presste.

„Hallo“, flüsterte Emely und ging in die Knie um sie zu streicheln. „Wohnst du hier? Und wer sonst noch?“

Die Katze warf sich auf den Rücken, und Emely kraulte ihr den Bauch. Es war beruhigend, dieses seidige Fell unter den Fingern zu spüren. Dem Schnurren zuzuhören, das immer lauter wurde.

Etwas krachte auf ihren Hinterkopf.

Der Boden raste auf sie zu, und die Katze kippte seitlich aus ihrem Blickfeld.

Dann wurde es dunkel.

Walpurgisnacht

Eine Zigarette hatte er rauchen wollen, draußen, auf der Bank. Und jetzt?

Rita saß wie versteinert am Küchentisch.

Was hast du getan?

Ihr Kopf dröhnte. Ihre Gedanken überschlugen sich.

Was hast du nur wieder getan?

Und was wirst du noch tun?

Verfluchte Walpurgisnacht. Es war, als wären die Dämonen und Teufel tatsächlich aus der Hölle gestiegen. So wie in dieser schrecklichen Nacht vor fünfzehn Jahren.

Ich kann das nicht mehr. Ich kann einfach nicht mehr.

Aber er ist doch mein Sohn!

Ich kann nicht mehr.

Sie sprang auf und beugte sich würgend über das Spülbecken, in dem sich das schmutzige Geschirr des Abendessens stapelte.

Auf dem obersten Teller lag der abgenagte Knochen des Koteletts.

Das bin ich, dachte sie und ließ sich kraftlos zurück auf den Stuhl fallen. Das ist das, was von mir noch übrig ist. Zerfleischt und verschlungen vom eigenen Kind. Und wozu?

Er wirft mich genauso so achtlos weg, wie diesen Knochen. Alles, was ich für ihn getan habe, bedeutet ihm nichts.

Ich bedeute ihm nichts.

Das wusste sie, seit sie Mirko zu sich geholt hatte. Aber diesen Gedanken hatte sie nie zugelassen, sich nie gestattet, der Wahrheit ins Gesicht zu sehen.

Sie hatte alles verdrängt. Ihm voller Verzweiflung geholfen, die furchtbaren Dinge zu vertuschen, die er getan hatte. Immer weiter daran geglaubt, dass er sie eines Tages lieben würde.

Aber das würde er nie tun.

Denn das konnte ihr Sohn nicht.

Einen anderen Menschen außer sich selbst lieben.

War sie schuld daran?

Sie hatte das immer geglaubt. Deshalb hatte sie das Unfassbare verdrängt.

Und getan, was getan werden musste. Das blutige Kostüm gewaschen, immer und immer wieder. Weinend bis spät in der Nacht vor der Waschmaschine gekniet, als könne sie so ihren Sohn von seinen Sünden reinwaschen. Danach hatte sie alles auf dem Dachboden versteckt.

Und ängstlich darauf gewartet, dass wieder etwas passieren könnte. Damals hatte sie gesehen, wozu Mirko fähig war, wenn er in seinem Stolz verletzt wurde. Wenn ihm jemand im Weg stand.

Und zwei Jahre nach dieser schrecklichen Nacht hatte er wieder gemordet.

Aber diesmal im Sommer.

Keine Dämonen oder Teufel, die in der Walpurgisnacht von Mirko Besitz ergriffen hatten. Kein Alkoholexzess.

Wut.

Es war einfach nur blanke Wut gewesen. Tiefer Hass auf seinen Stiefvater.

Rita hatte nie mit ihrem Sohn darüber geredet. Sich nie anmerken lassen, dass sie sicher war, dass es kein Unfall gewesen war.

Dass er Albert umgebracht hatte!

Sie hatte keinerlei Beweise, auch die Polizei fand keine Anzeichen für ein Verbrechen.

Aber Rita wusste es.

Sie wusste es in der Sekunde, in der sie ihrem Sohn in die Augen gesehen hatte. Spätabends, als Mirko endlich nach Hause gekommen war, scheinbar völlig überrascht über den plötzlichen Tod seines Stiefvaters.

Rita hatte geschwiegen.

So wie Lisa, die seitdem kein Wort mehr gesprochen hatte.

Sie hatte einfach nur gehofft, dass nach Alberts Tod alles besser werden würde. Und auf eine gewisse Art war es auch besser geworden. Der ständige Streit, diese endlosen Diskussionen, die sich im Kreis drehten wie Mühlsteine, all das gab es danach nicht mehr.

Sie war alleine mit ihrem Sohn, es gab niemanden mehr, der ihn einschränkte.

Lisa. Ja, Lisa war noch da, aber sie war nur ein Schatten. Ein stummes Gespenst aus der Vergangenheit.

Rita zuckte zusammen, als die Türe zum Keller mit einem Knall in Schloss fiel.

Mirko stürmte in die Küche. Verschwitzt, die Wangen gerötet, als hätte er Fieber. Schon einmal hatte er sie so angesehen, gehetzt, die Augen glasig wie Murmeln.

Was hast du da unten getan?

Er nahm sich ein Bier aus dem Kühlschrank und setzte sich zu ihr an den Tisch.

„Lebt sie noch?“ Rita erkannte ihre eigene Stimme nicht.

Bitte, lieber Gott, lass sie nicht tot sein. Bitte, bitte, bitte.

„Ja.“

Ihre Erleichterung war grenzenlos, vielleicht konnte sie das Schlimmste noch verhindern.

Bitte, lieber Gott!

„Was hast du mit ihr vor?“

„Ich überlege noch.“

Rita beugte sich zu ihm und versuchte, nach seiner Hand zu greifen. Er zog sie zurück und trank ein paar gierige Schlucke aus der Bierflasche.

„Hör mir zu, noch ist ja nichts passiert“, wisperte sie. „Noch kannst du sie …“

„Gehen lassen?“ Er lachte verächtlich. „Wie stellst du dir das denn vor? Hm, sag’s mir! Soll ich zu ihr gehen und sagen, hallo, hör mal, das war ein dummes Versehen, dass ich dir eins über den Schädel gezogen habe. Nichts für ungut, geh schön nach Hause, und es wäre wirklich sehr nett, wenn du mit niemandem darüber redest. Na? Denkst du, das wäre die Lösung? Oder hast du vielleicht einen Vorschlag?“

Er funkelte sie wütend an.

Rita knetete ihre Hände. *Ich muss ihn aufhalten, ich muss verhindern, dass er wieder tötet. Oh, bitte!*

„Also man muss es doch wenigstens versuchen, mit ihr zu reden. *Ich* könnte doch …“

„Du bist noch dümmer, als du aussiehst!“, brüllte er und knallte die Bierflasche auf den Tisch. Weißer Schaum lief ihm über die Finger und bildete eine kleine Pfütze auf dem Holz.

Er bemerkte es gar nicht.

Sie starrten einander in die Augen.

Es war die Kälte in seinem Blick, die Gnadenlosigkeit, mit der er sie ansah, die Rita die Tränen in die Augen trieb.

„Mirko, bitte, du musst …"

„Bitte! Bitte! Ich muss gar nichts!", schrie er. „Ich muss nur dieses Drecksweib endlich loswerden! Sie ist nur meinetwegen plötzlich aufgetaucht, und sie hatte etwas vor! Das hast du doch auch gedacht, gib es zu!"

Rita schluckte schwer. Ja, das hatte sie gedacht.

Befürchtet.

Aber es war doch so lange her. Und es gab keine Beweise.

„Es gibt keine Beweise", sagte sie.

Er hob die Hand, und einen entsetzlichen Moment dachte sie, Mirko würde sie schlagen. Aber er klopfte ihr nur mit dem Knöchel des Zeigefingers auf die Stirn.

„Sie *ist* der Beweis! Kapierst du das denn nicht?!"

„Niemand wird ihr zuhören."

„Und da bist du dir sicher?"

Nein, das war sie ganz und gar nicht.

„Ja", sagte sie. „Denk doch nur daran, wie seltsam sie sich benommen hat. Dieses lächerliche Schmierentheater. Bestimmt halten alle im Dorf sie für verrückt."

„Falls es dir noch nicht aufgefallen ist, es wimmelt hier im Moment von Verrückten, und unter denen wirkt sie geradezu normal. Sie hatte etwas vor. Keine Ahnung, was. Mich in eine Falle locken. Irgendwie. Aber selbst, wenn nicht, ich werde kein Risiko eingehen. Diesmal mache ich reinen Tisch!"

Rita straffte die Schultern. „Ich war in ihrem Haus. Ich habe mich umgesehen."

„Du?" Mirko war verblüfft.

„Ja!" *Vielleicht kann ich ihn irgendwie überzeugen. Ihn aufhalten!* Rita redete hastig weiter: „Ich habe alles durchsucht. Da war nichts, absolut nichts, was irgendein Hinweis auf …, auf damals sein könnte. Sie hat nichts gegen dich in der Hand. Dass sie hier ist, hat keine Bedeutung."

Sein Gesicht rötete sich vor Zorn.

Jetzt wird er mich doch schlagen.

„KEINE BEDEUTUNG? Keine Bedeutung glaubst du? Für mich, kapierst du das endlich? Für mich hat es sehr wohl eine Bedeutung!"

Er hämmerte mit der Faust auf den Tisch, die Bierflasche kippte um und fiel klirrend auf den Steinboden.

Rita starrte auf die Scherben. Es war, als sähe sie sich selbst. Zersprungen in scharfkantige Teile.

„Was hast du vor?" Sie flüsterte. Alles in ihrem Innern zog sich zusammen. Denn sie kannte die Antwort.

„Ich überlege noch."

Die plötzliche Stille in der Küche war kaum auszuhalten. Ritas Herz pochte.

„Sie muss jetzt endlich weg. Ich hätte sie schon damals umbringen sollen." Mirko murmelte wie im Selbstgespräch.

Das wollte ich ja, verflucht noch mal, dachte er. Er kratzte mit den Fingernägeln einen Fleck von der Tischplatte.

Das wollte ich! Sie ist mir entwischt.

Das Miststück hatte einen Schutzengel. Sie ist ihm direkt in die Arme gelaufen.

Lisa hatte auf dem Bett gelegen und versucht, sich auf das Buch in ihren Händen zu konzentrieren. Die Buchstaben schienen über das weiße Papier zu tanzen. Sie zuckte zusammen, als Rita schrie.

„WAS HAST DU GETAN?"

Lisa sprang vom Bett und öffnete die Tür einen kleinen Spalt.

„Geh mir aus dem Weg!", knurrte Mirko.

Lisa hörte ein schleifendes Geräusch.

Was macht er da?

„Mirko, um Gottes willen, was hast du bloß getan?"

Er antwortete nicht, stattdessen hörte Lisa, wie er die Türe zum Keller öffnete.

Leise schlich sie bis zum Treppenabsatz und spähte hinab.

Sie konnte gerade noch zwei Beine sehen, bevor sie aus ihrem Blickwinkel entschwanden.

Das ist Emely! Oh Gott!

Diese auffallenden schwarzen Stiefeletten hätte Lisa überall wiedererkannt.

Er bringt sie in den Keller. Ist sie tot?

Am ganzen Körper bebend, machte sie zwei Schritte nach unten.

Rita stand im Flur und rang die Hände. Dann wandte sie sich ab und schlurfte mit hängenden Schultern in die Küche.

Natürlich. Rita würde nichts weiter tun. Rita hatte sich noch nie gegen ihren Sohn gewandt.

Dem Mörder!

Fast ein ganzes Jahr war nach dem Tod ihres Vaters vergangen gewesen, als Lisa zum ersten Mal wieder die Scheune betrat.

Zaghaft setzte sie einen Fuß vor den anderen.

Sie hielt den Blick fest auf die Leitern gerichtet, die zu ihrem Nest führten.

Lisa wusste, dass von dem Blut ihres Vaters schon lange nichts mehr zu sehen war. Dass die Stelle auf dem Boden mit Schmutz und Staub bedeckt war. Aber sie wusste immer noch genau, wo er gelegen hatte.

Sie versuchte, nicht hinzusehen, und schob sich an der Wand entlang. Ihr Atem ging schnell, und als sie die Leiter erreicht hatte, kletterte sie hastig die Sprossen hoch.

Auf dem Heuboden sah alles so aus, als wäre nie etwas geschehen. Ihr Kissen lag noch da, das Buch von der kleinen Hexe, die Buntstifte und der Teddy.

Alles noch genauso. Und doch war alles anders. Die Welt war leer ohne ihn. Gefährlich.

Aber an diesem Platz fühlte sie sich trotz allem geborgen. Manchmal hatte sie das Gefühl, als könne sie ihren Vater hören, wie er bei der Arbeit ein Lied pfiff.

Doch es waren nur die Vögel, die im Nussbaum sangen.

Lisa machte sich viele Gedanken über Mirko. Versuchte, ihre Angst vor ihm zu besiegen. Aber das machte alles nur noch schlimmer.

Denn mit der Zeit erinnerte sie sich wieder an den Abend, an dem das kleine Mädchen auf der Stufe vor ihrem Haus gesessen hatte. Daran, wie sie mit ihm geredet hatte und mit einem Ohr dem Gespräch gelauscht hatte, das Rita und Mirko hinter der verschlossenen Haustür führten.

Damals hatte Lisa nichts begriffen. Damals hätte sie sich eine solche Grausamkeit niemals vorstellen können. Aber Stück für Stück fügten sich die Fragmente ihrer Erinnerungen zusammen. Schoben sich wie Puzzleteile an den richtigen Platz, bis das Bild zu erkennen war.

Mirko.

Lisa war von seiner Schuld überzeugt, auch wenn niemand jemals ihren Stiefbruder verdächtigt hatte.

Und das hatte ihre Angst vor ihm noch mehr geschürt, und sie wurde zu ihrem Kerker. Sie war Mirkos Gefangene, und das würde sie für den Rest ihres Lebens bleiben, wenn sie ihn jetzt nicht aufhielt.

Denn jetzt hat er Emely in seiner Gewalt! Und Rita schaut wieder weg!

Der aufflammende Hass nahm Lisa den Atem.

Ich hasse dich, und ich hasse deinen widerlichen Sohn, und ich werde ...

Sie wollte die Treppe nach unten stürmen, diese Frau schütteln und schlagen, bis sie …

Mirko kam aus dem Keller, und Lisa kauerte sich hastig zusammen.

Sein Anblick brachte sie zur Vernunft. Sie konnte nicht einfach auf die beiden losgehen. Selbst wenn ihr Wut und Verzweiflung übermenschliche Kräfte verleihen würden, gegen Mirko hatte sie nicht die geringste Chance.

Das wusste sie aus schmerzlicher Erfahrung.

Sie musste sich genau überlegen, was sie tun konnte. Sie versuchte, sich zu beruhigen, das rasende Gedankenkarussell in ihrem Kopf zu stoppen.

Ist sie tot? Hat er Emely umgebracht? Ich muss in den Keller.

Vorsichtig rutschte sie Stufe um Stufe nach unten.

Sie konnte hören, wie er mit Rita in der Küche redete. Sie anbrüllte.

Emely lebt noch! Oh danke, lieber Gott!

Vor Erleichterung schossen ihr die Tränen in die Augen.

Schnell, ich muss jetzt schnell …

Ein lautes Klirren.

Danach war alles still.

Lisa hielt den Atem an. Sie wusste nicht, was sie tun sollte. Warten oder diesen Augenblick nutzen, um in den Keller zu schleichen?

Was macht er? Kommt er aus der Küche?

„Sie muss weg. Ich hätte sie schon damals umbringen sollen“, murmelte Mirko.

Das werde ich niemals zulassen! Lisa richtete sich auf. *Da musst du zuerst mich umbringen.*

Ein Stuhl wurde so heftig zur Seite geschoben, dass er mit einem lauten Poltern auf den Boden schlug.

„Das mache ich nicht mehr mit! HÖRST DU? Ich werde dir diesmal nicht mehr helfen. Ich will, dass du endlich damit aufhörst, dass du diese Frau gehen lässt, dass du …“

Ritas Schreie wurden zu einem unverständlichen Schluchzen.

Sie will ihm nicht mehr helfen? Sie stellt sich gegen ihren vergötterten Sohn? Lisa konnte das nicht glauben und doch flammte Hoffnung in ihr auf.

Gemeinsam können wir ihn aufhalten.

„ICH BRAUCHE DEINE HILFE NICHT! Ich brauche niemanden! Und dein dämliches Geplärr geht mir auf den Sack. Scher dich doch einfach zum Teufel! Hau ab!"

Für einen endlos langen Moment herrschte völlige Stille. Lisa wagte kaum zu atmen.

Dann rannte Rita schluchzend aus der Küche und die Treppe hinauf. Sie wäre fast rückwärts wieder hinuntergestürzt, als sie blind vor Tränen in Lisa prallte.

„Lisa!"

Ritas Gesicht verzog sich. Schrecken, Angst, Trauer und Verzweiflung, eine Kraterlandschaft aus Emotionen.

Lisa packte ihren Arm und schüttelte sie. In ihrem Kopf hallten die Schreie.

Du musst hierbleiben! Du musst mir helfen! Du musst ihn aufhalten!

Sie konnte sehen, dass Rita genau verstand, was sie ihr sagen wollte, und eine Sekunde dachte Lisa, dass sie ihr beistehen würde.

Dass Rita endlich zu Verstand kam. Und akzeptierte, dass ihr Sohn ein kaltblütiger Mörder war.

Ritas Gesicht verdüsterte sich.

Nein! Lisa fuchtelte wild mit den Händen und deutete Richtung Keller.

„Komm!" Rita packte ihre Hand und zerrte sie nach oben.

Nein! Nein!

Lisa versuchte, sich zu befreien, hielt sich am Türrahmen fest, aber schließlich landeten sie doch in ihrem Zimmer.

Rita schloss die Türe hinter sich und stellte sich davor.

Fassungslos starrte Lisa sie an.

Das kann sie doch nicht tun! Das kann sie nicht!

„Beruhige dich, Lisa“, sagte Rita. Ihre Stimme klang rau.

„Wir können nichts machen. Ich kann nichts tun. Ich kann doch meinen einzigen Sohn nicht der Polizei ausliefern. Er würde für lange Jahre ins Gefängnis kommen. Nein, das kann ich nicht zulassen.“

Doch, das können wir! Wir MÜSSEN!

Aus Lisas Kehle drang ein Stöhnen. Bittend presste sie die Handflächen aneinander, wie zu einem Gebet. Tränen rollten ihr über die Wangen.

„Ich werde jetzt gehen, und wenn du vernünftig bist, dann kommst du mit mir.“

Lisa schüttelte heftig den Kopf.

Niemals!

Ritas Blick wurde leer. Als wäre ihr eigenes Wesen ausgelöscht worden wie ein Streichholz.

„Du kannst ihn nicht aufhalten, und wenn du hierbleibst und dich einmischst, dann wird er dir etwas antun. Das weißt du doch?“

Lisa ballte die Fäuste. Oh ja, das wusste sie nur zu gut! Es wäre ja nicht das erste Mal. Aber diesmal würde sie sich zur Wehr setzen!

Rita hob resigniert die Hand. „Wie du willst, aber bleib in deinem Zimmer und rühr dich nicht. Lass ihn in dem Glauben, dass du nichts mitbekommen hast, dann passiert dir nichts. Ich hole ein paar Sachen, dann bin ich fort.“ Sie öffnete die Tür, doch dann zögerte sie und drehte sich noch einmal um.

„Lisa.“ Sie rang nach Worten. „Lisa, ich wollte dir noch sagen … also, es tut mir entsetzlich leid. Ich habe viele Fehler gemacht. Und … und ich war dir keine gute Mutter, nein, das war ich wirklich nicht. Ich … ich konnte nicht, verstehst du?“

Nein! Das verstehe ich nicht. Das habe ich nie verstanden! Lisas Augenbrauen zogen sich zusammen.

„Es tut mir unendlich leid, Lisa. Ich würde gerne …“ Rita wusste nicht mehr was sie sagen sollte. Es war sowieso alles sinnlos.

Zu spät.

Manche Dinge konnte man nicht wiedergutmachen.

Und manche Dinge konnte man nicht verhindern.

„Er ist doch mein Sohn!“, sagte sie, als würde das alles erklären.

Alles entschuldigen.

Sie drehte sich um und ging.

Mirko hörte, wie das Scheunentor geöffnet wurde, und kurz danach das knatternde Motorengeräusch seines alten Mopeds.

Sie haut ab! Sie haut tatsächlich ab.

Er schob den Vorhang zur Seite und konnte gerade noch das Rücklicht sehen, als Rita vom Hof fuhr.

Das hätte er ihr nicht zugetraut.

Dass sie sich gegen ihn stellte. Nicht mehr zu ihm hielt.

Er runzelte die Stirn. *Was hat sie vor? Und wo will sie überhaupt hin?*

Seine Mutter hatte keine Freunde. Oder doch?

Er wusste eigentlich gar nichts über sie. Sie war einfach stets da gewesen, hatte ihm seine Wünsche erfüllt und immer das getan, was er wollte.

Wahrscheinlich fährt sie jetzt zu ihren Eltern. Leben die überhaupt noch? Die müssen ja inzwischen steinalt sein! Mirko hatte keine Ahnung.

Seit Rita ihn zu sich geholt hatte, waren seine Erinnerungen an sie wie ausradiert. An seinen Großvater, der gesoffen hatte wie ein Loch. Seine Großmutter, der er einfach nur lästig gewesen war und die keinen Hehl daraus gemacht hatte.

Dankbar solle er sein, hatte sie immer gekeift. Dankbar dafür, dass er überhaupt ein Dach über dem Kopf hatte und etwas zu essen. Weil es ihnen wegen Ritas Fehltritt noch schlechter ging und sie sich noch mehr einschränken müssten als ohnehin schon.

Nein, dankbar war er nicht gewesen, er hatte es gehasst, bei ihnen zu leben. In dieser winzigen, schäbigen Wohnung.

Er hatte den muffigen Geruch gehasst, der durch die düsteren Zimmer waberte wie zäher Nebel, an den Wänden und Möbeln klebte und schließlich auch an ihm haftete.

Den Geruch nach Armut.

Nach Gleichgültigkeit, Resignation, nach Mangel an allem, was alle anderen Kinder anscheinend im Überfluss besaßen.

Er war immer der Außenseiter gewesen, vor allem, nachdem in der Schule während der Pause zum ersten Mal das Wort *Nutte* gefallen war.

Sie hatten über seine Mutter geredet.

Mirko war auf die Jungen losgegangen. Er hatte gewusst, dass er keine Chance hatte. Ein Neunjähriger gegen drei Vierzehnjährige.

Aber in diesem Moment passierte etwas mit ihm, das seinen Verstand auslöschte.

Brüllend, mit gesenktem Kopf hatte er auf sie eingeprügelt. Als er von zwei von ihnen gepackt und festgehalten wurde, trat er wild um sich.

Und er traf. Genau die richtige Stelle.

Er heulte triumphierend auf, als er sah, wie das Blut aus der Nase des Schülers schoss, der ihm eben eine Ohrfeige verpasst hatte.

„Du willst dich mit uns anlegen? Hier hast du eine Lektion in Respekt!“, hatte er gezischt, bevor er brutal zugeschlagen hatte.

Und jetzt blutete der Angreifer wie ein Schwein!

Griff sich an die Nase und starrte schockiert auf seine verschmierte Hand.

Mirko wand sich wie eine Schlange und schaffte es, sich von den beiden anderen loszureißen und kämpfte schreiend weiter.

Schlug. Trat. Kratzte. Spuckte.

Völlig von Sinnen, wie im Rausch.

Und es fühlte sich gut an.

Als hätte er die Ketten gesprengt, die ihn sein ganzes Leben zusammengeschnürt hatten.

Das Gefühl, nichts wert zu sein, ausgeliefert, machtlos, löste sich auf wie eine dunkle Wolke.

Natürlich prügelten sie jetzt zu dritt mit den Fäusten auf ihn ein. Aber wie viel Schmerzen sie ihm auch zufügten. Er konnte nicht aufhören.

Schließlich hatte er halb bewusstlos auf dem Boden gelegen. Umringt von kreischenden Schülern. Wie durch Watte hatte er die Stimme eines Lehrers gehört, der sich laut schimpfend einen Weg durch die Gaffenden bahnte.

Mirko lächelte, als man ihn hochzerrte und auf die Füße stellte.

Er hatte gewusst, von nun an würde alles anders werden.

Körperliche Schmerzen waren nichts, waren bedeutungslos gegen das, was sein Innerstes zerfraß. Wenn er hingegen jemandem Schmerzen zufügte, konnte er alles andere damit betäuben.

Auslöschen.

Es war nicht um seine Mutter gegangen.

Die Nutte.

Es war um ihn gegangen.

Er war von seinem Lehrer zum Direktor geschleppt worden, zusammen mit den drei Jungen, von denen einer immer noch aus der Nase blutete.

„Auch, wenn du jetzt kein Sterbenswörtchen sagst, dafür wirst du büßen“, röchelte der Verletzte hinter dem Taschentuch. „Dafür polier ich dir die Fresse!“

Mirko hatte gar nicht vorgehabt, irgendetwas zu erzählen. Schon gar nicht diesen beiden Affen, die ihnen gegenüber hinter dem Tisch saßen und sie mit kummervollen Blicken musterten.

Denn konnte man es wissen? Vielleicht gingen sie nach Feierabend in eine Bar und erzählten irgendeiner Hure – seiner Mutter! – was vorgefallen war.

Er konnte die Blicke des Jungen spüren, die auf ihn gerichtet waren wie Scheinwerfer, als ihn der Direktor mit Fragen löcherte und zunehmend wütend wurde.

Ich polier dir die Fresse!

Mirko hatte keine Angst gehabt. Er lächelte und dachte an die Kiste, die sein Opa ganz hinten im Kleiderschrank aufbewahrte.

Das meiste davon war unbrauchbarer Mist. Vergilbte Fotos, irgendeine dämliche Kappe aus dem Krieg. Eine bröckelige Seife, eingewickelt in Seidenpapier, ein grob gestrickter Schal. Aber ganz unten, tief vergraben unter zwei dicken Büchern, ein Klappmesser.

Das würde nun den Besitzer wechseln. Und der alte Säufer würde es nicht einmal merken. Wahrscheinlich wusste er schon längst nicht mehr, dass es diese Kiste noch gab.

Endlich hatte er gehen dürfen. Im Flur betastete er seine Beule auf dem Kopf und die Schramme über dem linken Auge. Es gab Stellen an seinem Körper, die jeden Schritt zur Qual machten.

Mirko stolzierte mit hocherhobenem Kopf in das Klassenzimmer, und alle starrten ihn an.

Aber diesmal fühlte es sich anders an.

Denn plötzlich hatten die Kinder Respekt vor ihm. Oder war es die Angst, die sich in manchen Augen spiegelte? Die meisten mieden seinen Blick.

Angst war gut, wenn man selber keine hatte.

Mirko hatte in diesem Moment beschlossen, nie wieder Angst zu haben.

Sich nie wieder von jemanden beleidigen zu lassen.

Sich zu nehmen, was er brauchte.

Und jeder, der ihm dabei im Weg stand, würde dafür büßen.

Selbst wenn es die eigene Mutter wäre.

Die Hure.

Und jetzt ist sie abgehauen.

Mirko ließ den Vorhang fallen.

Er würde sie nicht vermissen. Und verraten würde sie ihn nicht, dessen war er sich hundertprozentig sicher.

Das würde sie niemals tun.

Wahrscheinlich kommt sie irgendwann wieder angekrochen. Bestimmt.

Mirko ärgerte sich, dass er sich darüber überhaupt Gedanken machte. Zeit verschwendete.

Zum Teufel mit ihr! Ich habe ganz andere Sorgen. Probleme, die jetzt verdammt noch mal sauber gelöst werden müssen!

Mirko öffnete den Kühlschrank und nahm sich noch ein Bier.

Ich sollte nüchtern bleiben, dachte er und betrachtete die Flasche in seiner Hand.

Stocknüchtern. Ganz genau überlegen, wie ich dieses Weib verschwinden lasse, ohne dass wer auf die Idee kommt, mich damit … verdammt!

Es fiel ihm schwer, einen klaren Gedanken zu fassen. Der Stuhl, den Rita umgeworfen hatte, lag immer noch auf dem Boden. Wütend versetzte er ihm einen Tritt. Er landete scheppernd vor dem Mülleimer.

Müll. Wenn es so einfach wäre. Wenn ich sie entsorgen könnte, wie diesen Müll.

In diesem Moment hörte er sie schreien.

Emely, eingesperrt in dem alten Käfig, der jetzt doch noch zu etwas gut war.

Er grinste.

Das Schreien verstummte und wurde zu einem Murmeln. Es klang, als rede sie da unten mit jemandem.

Mirko knallte die Bierflasche in das Spülbecken. Der oberste Teller zerbrach mit einem vernehmlichen Knacken.

VERDAMMTE SCHEISSE! SIE HAT NOCH IHR HANDY!

Er rannte los.

„CAT!“ Emely schrie. „CAT! Jemand hat Cat umgebracht!“

„Emely! Emely, bitte. Du musst dich jetzt erst mal beruhigen.“

Valeries ruhige Stimme drang wie aus weiter Ferne zu ihr. Aus einem anderen Universum, in dem alles gut war.

Emely schluchzte laut. Ihre blutigen Finger umklammerten das Handy.

„Emely, du musst mir als Erstes sagen, wo du bist.“

Cat! Cat ist tot!

„Emely, antworte mir!“

Emely kannte diesen Tonfall seit ihrer Kindheit.

Freundlich, liebevoll, aber unnachgiebig.

Mühsam löste Emely den Blick von den verklebten Haaren ihrer Freundin.

Neben der Türe brannte eine verstaubte Glühbirne, und Emely versuchte, sich auf dieses trübe Licht zu konzentrieren.

„Eingesperrt. In einem Keller. Käfig“, stammelte sie.

Umgebracht.

Ich bin allein.

„Der Ort, Emely. Du musst mir genau sagen, wo du dich befindest!“

Wie kann sie nur so ruhig bleiben, so gelassen, dachte Emely. Sie redet, als ob das hier gar nicht so schlimm wäre.

Je länger sie in das gelbe Licht starrte, desto unwirklicher kam ihr alles vor.

Wie ein Traum.

Das war keine Glühbirne. Das war eine verblassende Sonne. Und in Wirklichkeit war sie gar nicht hier. Sie hatte sich den Handrücken verletzt, im Garten bei der Arbeit wahrscheinlich. An der stacheligen Hecke, zu Hause. Ja, natürlich.

Und Cat lebt.

„Emely, du wirst mir jetzt antworten!"

Valeries Stimme hallte durch den Garten.

Auf der Sonne lag grauer Staub.

Das Kribbeln in ihren Beinen wurde zu einem Krampf, der sie aufstöhnen ließ.

„In Bergnauen. Wir haben das Haus gemietet."

Valerie Bienert sog scharf den Atem ein. „Oh Emely. Warum hast du das denn getan? Wir haben doch darüber gesprochen. Wir waren uns einig, dass wir gemeinsam hinfahren. Dass du auf keinen Fall alleine zurückkehrst."

„Ich bin doch auch nicht alleine gefahren. Es war Cats Idee."

Und jetzt ist sie tot.

Emely weinte.

Ich bin schuld daran. Nur wegen mir, weil ich eine langweilige Idiotin bin, sind wir hier gelandet. In diesem schrecklichen Dorf. Wenn wir nach Mallorca geflogen wären, so wie Cat es wollte, dann ...

Oh Gott, ich bin schuld! Emely schlug mit der Faust auf das Gitter vor ihrem Gesicht.

Ich bin schuld! Schuld! Schuld!

„Emely? Emely! Ich werde sofort die Polizei anrufen, hörst du? Gleich kommt Hilfe, jemand wird sich um dich kümmern, bis ich bei dir bin."

Wie sie redet. Ist ihr Cat denn völlig egal? Sie glaubt mir nicht!

Cat ist TOT!

„Ich bin nicht im Haus. Ich bin auf diesem Hof am Ende der Straße. Eingesperrt in einem Käfig. Und sie werden mich auch umbringen, genauso wie Cat."

„Emely, wir waren doch schon einmal an diesem Punkt. Erinnerst du dich nicht?" Valeries Stimme klang fast zärtlich.

Erinnern? Woran?

„Egal, was du jetzt zu sehen glaubst. Cat ist nicht da."

Emely wurde übel vor Wut. „Ich sehe sie doch!", schrie sie ins Telefon. „Cat liegt keine zwei Meter von mir entfernt! Man hat ihr den Schädel eingeschlagen!"

Emely schnappte zornig nach Luft. So viele Jahre hatte sie fast wöchentlich in Valeries Praxis gesessen. In dem abgewetzten Ledersessel vor der Wand mit den vielen Büchern. Die weißen Blüten der Orchideen auf dem Fensterbrett gezählt, wenn sie zu erschöpft war, um zu reden. Zu müde, um Valeries Fragen zu beantworten. Oder ihr zuzuhören. Emely hatte ihre Kindheit und Jugend mit dieser Frau verbracht. Ihr vertraut.

Und sie glaubt mir nicht!

„Emely, erinnere dich. Lass es zu. Du weißt es doch schon lange …"

Er riss die Kellertür so heftig auf, dass sie fast aus den Angeln flog.

Mirko starrte auf den Käfig. Emely lag darin zusammengepfercht wie ein obszönes Kunstwerk.

Blut lief über die Hand, mit der sie sich ein Handy ans Ohr presste. Die Haarspitzen schimmerten feucht.

Also doch! Wie hatte ihm das passieren können! Wieso, verdammt noch mal, hatte er nicht daran gedacht, ihre Kleidung zu durchsuchen.

„Verfluchte Scheiße!“, brüllte er und trat gegen den Käfig. Das Gitter erzitterte und schlug ihr ins Gesicht.

Emely schnappte nach Luft, und das Telefon glitt ihr aus den Fingern.

„Wage es nicht, es noch mal anzufassen!“, fauchte Mirko, als sie versuchte, ihre Hand nach unten zu schieben.

In fieberhafter Eile löste er das Schloss und hob den Deckel hoch.

Er packte sie an den Haaren und riss ihren Kopf zur Seite.

Emely fühlte nichts, auch nicht, dass seine Hand ihre Brust streifte, als er den Arm in den Käfig zwängte und das Handy herauszog.

Sie hätte jetzt aufstehen können.

Alle Kräfte sammeln und ihre tauben Glieder in Bewegung setzen.

Doch Valeries Reaktion, Cats Leiche, dieser Keller und Mirko – alles kam ihr nun so unwirklich vor wie ein Fiebertraum. Es würde vorbeigehen, irgendwann würde sie aufwachen. Sie blieb zusammengekauert liegen.

Erinnere dich.

Mit einem Scheppern fiel der Deckel wieder auf ihren Kopf.

Mirko starrte auf das blutverschmierte Telefon. Mit wem auch immer sie geredet hatte, die Verbindung war abgebrochen. Er schaltete es aus.

Und jetzt? Verfluchter Mist!

Er setzte sich auf den Käfig. *Ich muss nachdenken. Nachdenken! NACHDENKEN!*

Er konnte seine Wut kaum noch unterdrücken. Mit der flachen Hand schlug er auf das Gitter.

Emely reagierte nicht.

„Mit wem hast du geredet?“

Keine Antwort.

„Mit wem? Mit wem? Mit WEM?“ Bei jedem Wort schlug er zu. Es musste ihr höllische Schmerzen bereiten, aber das Miststück gab keinen Ton von sich.

Lebt sie überhaupt noch?

Er beugte den Kopf und spähte durch das Geflecht. Sie hatte die Augen geschlossen, aber sie atmete.

Ich muss wissen, wen sie angerufen hat, wie viel Zeit ich noch habe.

Er sah sich im Keller um. Sein Blick fiel auf ein Regal, auf dem ein Schraubenzieher lag. Ein mickriges Ding, aber genau richtig für seine Zwecke. Er griff danach und kniete sich vor den Käfig.

„Redest du jetzt freiwillig mit mir?“, fragte er.

Anscheinend nicht.

Er stach ihr mit der Spitze des Schraubenziehers ins Ohrläppchen.

Nur ganz leicht, aber es genügte.

Emely zuckte zurück und riss die Augen auf.

„Also mit wem?“

Emely dreht den Kopf, so gut es ging, vom Gitter weg.

Nicht weit genug.

Er drückte zu.

Emely stieß einen Schmerzensschrei aus.

Sie ist wirklich hübsch, dachte er. Sogar jetzt noch. Trotz den zerzausten Haaren und dem Blut auf ihrer Wange. Schade eigentlich.

„Ich kann dir noch größere Schmerzen bereiten, das weißt du doch." Seine Stimme klang sanft. „Ich kann dir diesen Schraubenzieher zum Beispiel direkt in den Gehörgang schieben."

Emelys Augen weiteten sich vor Entsetzen.

„Aber erspar uns das bitte. Sag mir einfach, mit wem du telefoniert hast, dann lasse ich dich in Ruhe."

Bis du endgültig verschwindest.

„Mit Valerie", flüsterte Emely.

„Aha, und wer ist Valerie?"

„Bienert. Meine … meine Therapeutin."

„Therapeutin?" Mirko runzelte die Stirn. „Und was hast du ihr erzählt? Die Wahrheit, bitte."

Emely schluckte. „Nichts."

„Nichts?" Mirko hielt sich den Schraubenzieher vor die Augen und musterte ihn interessiert. An der Spitze hing ein kleiner Tropfen Blut wie eine Perle.

„Nichts? BIST DU GANZ SICHER?!"

Ganz plötzlich stieß er zu, und Emely schrie auf. Direkt vor ihrem Gesicht hielt er inne.

„Letzte Chance."

„Ich habe ihr gesagt, dass ihr Cat umgebracht habt. Du, du warst das doch."

Mirko starrte sie an. Fixierte sie wie einen exotischen Käfer.

Jetzt wird er mich auch umbringen.

Emely schloss die Augen und ließ den Kopf hängen. Auf einmal war ihr das vollkommen gleichgültig. Das Leben nach Cats Tod würde die Hölle werden. Wie sollte sie es denn schaffen, ganz alleine?

Sarah würde nicht mehr zurückkommen. Vielleicht für ein paar Tage, nur für kurze Zeit, um sie zu trösten, um gemeinsam um Cat zu trauern. Aber dann würde Sarah sie wieder verlassen. Denn Sarah hatte jetzt ein eigenes Leben, einen Freund – und vielleicht schon bald Kinder.

„Na los!“, schrie Emely und sah zu ihrem Peiniger auf. „Mach es doch! Bring mich doch auch um!“

Mirko erhob sich und legte den Schraubenzieher zurück aufs Regal. „Ich werde dich bald erlösen.“

Verrückt, die ist ja total durchgeknallt. Er schüttelte den Kopf.

Ja, es wird eine Erlösung für sie sein.

Und er wusste, was er tun musste.

Niemand würde sie finden.

Ja, die junge Frau war kurz hier. Schon etwas angeheitert zunächst in die falsche Richtung gelaufen. Sie ist dann runter ins Dorf gegangen, ich glaube, sie wollte zur Party im Festzelt. Wie alle anderen, deshalb ist sie doch gekommen, oder nicht?

Er würde das Handy später unten im Dorf wieder einschalten und in den Weiher werfen.

Niemand würde sie finden.

Und es wird auch diesmal keine Spuren geben! Es musste jetzt einfach schnell gehen.

Mirko schloss die Kellertür hinter sich.

Ziemlich hastig.

Lisa stand im dunklen Flur, reglos, wie ein Gespenst.

Mirko zuckte zusammen. Er hatte sie völlig vergessen. In der ganzen Aufregung nicht mehr daran gedacht, dass sie heute nicht zur Arbeit gegangen war.

Lisa stand im Weg und provozierte Scherereien. Nicht zum ersten Mal.

Der Lichtstrahl, der aus der Küche fiel, umrahmte ihren Körper mit einem hellen Schein.

Die heilige Lisa! Die Beschützerin der Hilflosen!

Obwohl der Zorn in ihm aufwallte, hätte er fast gelacht. *Heilige Lisa, dumme Lisa.*

Seine Stiefschwester hob den Arm und machte einen entschlossenen Schritt auf ihn zu.

Nun lachte er doch. Sie hielt ein Brotmesser in der Hand.

„Was hast du denn damit vor? Willst du mir ein Sandwich machen?"

Ihr Arm begann zu zittern, aber sie machte noch einen Schritt.

Sie starrten einander in die Augen. Mirko sah eine Wut und eine Entschlossenheit darin, wie er sie bei Lisa noch nie gesehen hatte.

Die geht tatsächlich mit diesem Ding auf mich los, dachte er verblüfft. *Die kleine Lisa will mich abstechen!*

Normalerweise hätte er sich darüber amüsiert und ihr eine Lektion erteilt, damit sie wieder zu Verstand kam. Aber jetzt hatte er weder Zeit noch Nerven, sich um sie zu kümmern.

Und kümmern würde er sich müssen. Oh ja. Später. Wenn das Wichtigste erledigt war.

Aus Lisas Kehle drang ein Geräusch, das ihn irgendwie an eine Katze erinnerte. Eine gequälte Katze.

Sie stürzte sich auf ihn.

Es war leicht.

Mirko packte ihren Arm und drehte ihn nach hinten. Mit der anderen Hand schnappte er ihren Zopf. Seidige Haare, dick und stark wie ein Seil.

Er zog ihren Kopf damit nach unten und drückte ihren Arm noch weiter zurück.

Jeden Moment würde sich das Gelenk auskugeln. So hatte er das schon einmal gemacht. Mit einem äußerst unfreundlichen Touristen.

Lisa stöhnte und ließ das Messer fallen.

Mirko versetzte ihm einen Tritt und wirbelte sie zu sich herum.

Tränen kullerten aus ihren Augen.

„Was zum Teufel denkst du dir?“, zischte er. „Hast du in all den Jahren nichts gelernt? Hast du immer noch nicht kapiert, dass du dich nicht in meine Angelegenheiten mischen sollst, du dämliche Gans?“

Sie spuckte ihm ins Gesicht.

Einen Moment war er völlig schockiert.

Wie kann sie es wagen?!

Dann schlug er ihren Kopf gegen die Wand.

Einmal.

Und noch einmal.

Der Zopf glitt durch seine Finger, als sie zu Boden sank wie eine Marionette, deren Fäden gerissen waren.

Er sah auf ihren leblosen Körper.

Lisa.

Nichts als Ärger mit dir. Verflucht!

Er bückte sich, packte sie an den Armen und zerrte sie die Treppe hoch. Er war in Schweiß gebadet, als er sie in ihrem Zimmer auf dem Boden ablegte.

Später, dachte er und drehte den Schlüssel zweimal um.

„Emely?“

Die Verbindung war abgebrochen.

Valerie Bienert rannte zu ihrem Schreibtisch und fuhr den Computer hoch.

Cat. Cat ist wieder da. Ich habe es geahnt. Befürchtet. Deshalb ist Emely nicht mehr zu mir gekommen. Cat war schuld, dass sie meine Anrufe nicht beantwortet hat. Himmel!

Valeries Finger flogen über die Tasten.

Die Nummer! Wie lautet die Nummer der zuständigen Polizeistation?

Erkenne

Emely hörte, wie Mirko laut auflachte.

Mit wem redet er da? Ist da oben noch jemand?

Emely versuchte, sich etwas zu drehen. Sie spürte, dass es nicht mehr lange dauern konnte, dann würden sich ihre Beine wieder verkrampfen. Das Brennen und Kribbeln fühlte sich an, als läge sie in einem Feuer. Von ihrem Ohrläppchen tropfte Blut.

Eine Haarsträhne verfing sich in einem der abstehenden Drähte des Gittergeflechts und zerrte an ihrer Kopfhaut.

Emely stieß einen frustrierten Schrei aus.

Sie hatte nur wenig Spielraum, um sich in eine bequemere Position zu bringen.

Schwer atmend lehnte sie den Kopf zurück.

Ein Käfig. Gefangen in einem winzigen Käfig.

Handlungsunfähig.

Und dieser Käfig war wie ein Sinnbild ihres Lebens.

Ja, wenn man es genau betrachtete, hatte sie all die Jahre wie in einem Gefängnis verbracht.

In ständiger Angst, hilflos, unfähig, eigene Entscheidungen zu treffen. Abhängig von … Cat.

Emely ignorierte das Ziepen und drehte den Kopf.

Cat.

Ihre schwarzen, wunderschönen Haare lagen stumpf und glanzlos, ausgebreitet wie ein Tuch neben dem alten Fass.

Emely erinnerte sich noch gut an den Moment, als Cat mit der weiß gefärbten Strähne vom Friseur kam.

Vor Verblüffung hatten ihr die Worte gefehlt, aber Cat hatte nur gelacht und sich auf Zehenspitzen im Kreis gedreht.

„Sieht doch cool aus“, hatte sie gesagt. „Ich finde, das macht mich interessant.“

„Als ob du nicht schon ohne interessant genug wärst!“

Jetzt ist sie tot.

Emely begann zu wimmern.

Ich werde dich bald erlösen, hat er gesagt.

Ja, es wäre eine Erlösung. Tot zu sein, nichts mehr zu fühlen. Für immer in einer tröstlichen Dunkelheit zu versinken.

Erinnere dich.

Woran?

Was hat Valerie damit gemeint?

Es spielt doch keine Rolle mehr.

Emely hörte ein leises Rascheln, und dann sah sie, wie eine Maus quer durch den Raum lief. Ohne Eile.

Direkt vor dem Käfig blieb sie stehen und schnupperte. Ihre Barthärchen zitterten wie winzige Antennen im Wind. Emely hielt den Atem an.

Die Maus setzte sich auf ihre Hinterbeine und sah zu ihr auf. Schwarze Knopfaugen, die sie ohne Furcht musterten.

Sie weiß, dass ich ihr nichts tun kann. Sie versteht, dass ich gefangen in einem Käfig sitze.

„Hallo“, flüsterte Emely.

Die Maus drehte sich um und lief hinüber zu Cat.

Oh nein! Emelys Magen zog sich zusammen. *Das ist doch wirklich eine Maus, oder nicht? Wenn das eine Ratte ist, Ratten fressen doch ...*

„Geh weg da!“

Das Tier war entweder taub oder fühlte sich völlig sicher. Es schnupperte interessiert an Cats Haaren.

„Nein! Lass sie in Ruhe!"

Emely wippte vor und zurück, und der Käfig begann scheppernd zu schaukeln.

Das Tier flüchtete panisch in die Ecke, aus der es gekommen war.

Emely lehnte sich erschöpft zurück. Nun hatte sie sich während dieser Aktion doch eine Haarsträhne ausgerissen. Die Stelle brannte höllisch, aber sie hatte Cat beschützt.

Beschützt! Wie absurd dieser Gedanke doch war.

Da liegt Cats Leiche.

Erinnere dich.

Ein Bild schob sich vor Emelys Augen.

Eine Eule …

„Weißt du, was das für ein Tier ist?", fragte Patrick Kramer und ging neben seiner Tochter in die Knie.

Emely betrachtete das Werk, das ein unbekannter Künstler aus dem Rest eines Baumstamms geschaffen hatte.

„Ein Vogel, das ist ein Vogel."

„Ja, aber was für einer?"

Emely legte die Stirn in Falten und dachte offenbar angestrengt nach. Patrick hätte sie am liebsten gepackt und geknuddelt.

Sie sah unwiderstehlich süß aus, wie sie da so stand, mit winzigen Wanderschuhen an den Füßen und einem Kinderrucksack, in den sie ihren Stoffhasen gequetscht hatte. Mehr hatte darin nicht Platz, aber wozu hatte man einen Papa, der ja den Proviant tragen konnte.

Patrick vergötterte seine Tochter, dieses kleine Persönchen, das jetzt schon ein Ebenbild seiner Mutter war. Er hatte sich immer Kinder gewünscht, und er hoffte, dass Sonja bald wieder schwanger werden würde.

Oder war sie das vielleicht schon?

Irgendwie verhielt sie sich seltsam in der letzten Zeit. So, als ob sie nur mit Mühe und Not irgendwelche Geheimnisse für sich behielt. Und dann dieser Ausdruck in ihren Augen, wenn sie ihn anlächelte!

„Das ist eine Eule, mein Hase."

„Eine Eule? Die ist aber riesig." Emely staunte. „Wer hat die gemacht?"

„Keine Ahnung, aber warte mal." Patrick beugte sich vor und untersuchte den Fuß des Stammes. Vielleicht hatte der Künstler sein Werk ja irgendwo signiert. Nichts zu sehen.

„Ich habe eine Idee", sagte er und setzte sich vor die Eule auf den Boden.

„Und was?"

„Wirst schon sehen, das wird unser Geheimnis." Patrick kramte in seinem Rucksack.

Na also, da ist es.

Er klappte das Taschenmesser auf, mit dem er vor einer halben Stunde ein paar Scheiben von der Hexenwurst abgesäbelt hatte.

„Ein Geheimnis? Ein Geheimnis?" Emely hüpfte neben ihm auf und ab. „Was für ein Geheimnis? Sag's mir, sag's mir! Papa, sag schon!"

„Jetzt warten Sie doch mal für fünf Minuten, Fräulein Ungeduld."

Emely hörte auf zu hüpfen und zog einen Schmollmund. Geduld war nicht gerade ihre Stärke, und sie mochte es gar nicht, wenn ihr Vater sie so nannte.

Aber kurz darauf vergaß sie, dass sie beleidigt war und kniete sich neben ihren Vater ins Moos. Fasziniert beobachtete sie, wie er etwas in das Holz schnitzte.

„Du meine Güte, nimm deinen Kopf da weg, ich kann ja gar nichts mehr sehen!"

Emely zog sich ein Stück zurück.

„So fertig, jetzt kannst du schauen." Patrick klappte das Messer zusammen.

Emely beugte sich vor. „Das sind Buchstaben!"

„Und welche? Lies mal vor."

Obwohl Patrick sich redliche Mühe gegeben hatte, waren die Buchstaben etwas schief geraten. Aber Emely würde sie erkennen, obwohl sie erst fünf Jahre alt war.

„E … S … und P!", rief Emely triumphierend.

„Stimmt ganz genau, mein Mümmelhase! Und was bedeuten die wohl?"

Emely überlegte kurz, und dann lächelte sie schelmisch. „Ist doch ganz einfach! Emely, Sonja und Patrick!"

Er gab ihr einen Kuss auf die Wange. „Aus dir wird einmal ein Detektiv, mein kluges Mädchen." Er stand auf und klopfte sich den Schmutz von der Hose.

Emely strahlte.

„Wenn du magst, kannst du ja morgen, wenn ich weg bin, mit Mama hierher gehen und es ihr zeigen."

Emelys Miene verfinsterte sich. „Dann ist es gar kein Geheimnis mehr!“

Patrick schulterte den Rucksack. „Doch! Ein Familiengeheimnis. Nur wir drei wissen …“

„Warum musst du überhaupt weg!“ Emely zog wieder einen Schmollmund.

„Ach, mein Hase, ich habe es dir doch erklärt. Nur ganz kurz. Wenn ich heute Nachmittag losfahre, bin ich eine Nacht nicht bei euch. Morgen Abend bin ich schon wieder zurück, und dann schauen wir uns gemeinsam die Feuer an. Das wird ganz toll, vielleicht sehen wir ein paar Hexen.“

Emely trottete unzufrieden neben ihrem Vater bergauf.

Die Firma. Immer diese blöde Firma!

Wieso konnte er nicht die ganze Woche hier mit ihnen Urlaub machen? So, wie er es versprochen hatte?

„Jetzt zieh doch nicht so ein böses Gesicht“, sagte Patrick und nahm ihre Hand. „Das steht dir nicht. Du siehst aus wie eine kleine Hexe!“

Emely kicherte. „Stimmt ja gar nicht!“

Dann kam ihr ein Gedanke, der sie beunruhigte. „Du, Papa, die Hexen, sind da auch richtige, also echte Hexen dabei?“

Emely kannte schon einige Märchen, und letzte Woche, während der Kinderstunde im Fernsehen, hatte sie sich mächtig gegruselt.

Patrick lachte. „Aber nein, mein Häschen! Das weißt du doch. Das sind alles nur Leute, die sich verkleiden. Es gibt wirklich keine Hexen! Das ist alles ganz harmlos."

Das war ein tödlicher Irrtum.

Emely riss die Augen auf. Die Wunde auf ihrem Handrücken pochte heftig.

„Papa." Nur ein Flüstern und doch so laut in diesem Keller. „Papa."

So viele Jahre waren vergangen, seit er ihre Hand gehalten hatte. So viele Jahre.

Er ist hier gewesen. Wir *sind hier gewesen, an diesem Ort. Wir haben im selben Haus gewohnt, das Cat gemietet hat. Warum habe ich das vergessen? Wie ist das nur möglich?*

Geistesabwesend fuhr Emely mit der Zunge über die Verletzung auf ihrer Hand. Ein salziger, metallischer Geschmack, aber es hatte aufgehört zu bluten.

Erinnere dich.

Woran?

Ich will nicht. Ich will mich nicht erinnern. Wozu denn? Noch mehr Schmerzen?

Durst. Emely verspürte schrecklichen Durst.

Wasser.

Vor ihren Augen spiegelte sich das Wasser im Sonnenlicht.

Ein Weiher. Sie stand Hand in Hand mit ihrer Mutter auf einem Steg.

„Gibt es hier Fische, Mama?"

„Ich weiß nicht, aber pass auf, dass du nicht reinfällst!“

Sonja Kramer ließ die Hand ihrer Tochter los, und Emely legte sich bäuchlings auf den Steg und blinzelte ins Wasser.

„Da! Da! Ich glaube, ich sehe einen!“

„Tatsächlich?“ Sonja lächelte.

„Nein, doch nicht. War nur ein Stock.“ Emely klang enttäuscht.

Sonja sah sich um. Ein idyllisches Plätzchen, jetzt musste sie nur noch eine geeignete Stelle für das Picknick finden.

Eigentlich hatte Emely mit ihr auf den Berg fahren wollen, mit der Sesselbahn, die sie so faszinierte. Das Gefühl, wie ein Vogel über die Baumwipfel zu schweben, begeisterte ihre Tochter. Und Emely wollte ihr ein Geheimnis zeigen, ein Familiengeheimnis. Was das wohl war?

Aber Sonja hatte sich am Morgen nicht gut gefühlt. Eine Übelkeit, die ihr vertraut war und die sie freudig hinnahm. Nach dem Urlaub hatte sie einen Termin bei ihrer Frauenärztin.

Und so lange würde sie schweigen. Auch wenn es ihr schwerfiel. Am liebsten wäre sie damit herausgeplatzt, sie konnte es kaum erwarten, es Patrick zu sagen. Aber erst wollte sie ganz sicher sein, dass wirklich alles in Ordnung war. Vor zwei Jahren waren die Enttäuschung und Trauer grenzenlos gewesen.

„Wir gehen morgen gemeinsam mit Papa auf den Berg“, hatte sie Emely erklärt, die natürlich gleich wieder geschmollt hatte.

„Aber es ist doch ein echt tolles Geheimnis!“

„Das glaube ich dir, mein Schatz. Aber bestimmt ist es morgen auch noch da. Was hältst du davon, wenn wir zwei heute mal ein Picknick machen?“

Emelys Begeisterung hatte sich in Grenzen gehalten.

„An einem geheimnisvollen Weiher?“

Das war natürlich etwas ganz anderes, und Emely war durch ihr Ferienhäuschen gewuselt, um alle überlebenswichtigen Utensilien zusammenzusuchen.

Also in erster Linie ihren Rucksack und den Stoffhasen.

So, und wo ist es hier jetzt besonders geheimnisvoll? Sonja sah sich um.

Emely würde schnell das Interesse daran verlieren, nach nicht vorhandenen Fischen Ausschau zu halten, und sich langweilen. Patrick hätte wahrscheinlich aus einem Stöckchen eine Angelrute gebastelt oder sonst eine Idee gehabt. Sonja fehlte für solche Dinge jegliches Talent.

„Schau mal dort, dort drüben!“ Sie deutete über den Weiher, und Emely rappelte sich auf.

Umrahmt von einer Gruppe Tannenbäume stand eine Holzbank wie in einer grünen Höhle.

„Sieht das nicht aus wie ein verwunschener Ort? Komm, lass uns nachsehen.“

Sie folgten dem Trampelpfad um den Weiher. Emely hüpfte voraus.

Es war tatsächlich ein außergewöhnlich schöner Platz, und Patrick wäre garantiert eine spannende Geschichte dazu eingefallen.

„Hier machen wir unser Picknick“, sagte Sonja und breitete ein Taschentuch auf der Bank aus.

Emely setzte sich, baumelte mit den Beinen und sah sich um.

„Guck mal da, das Mädchen! Meinst du, ich kann mit ihr spielen?“

Sonja drehte sich um. Auf dem Steg stand ein Mädchen, vielleicht acht Jahre alt. Als es sich zum Wasser hinunterbeugte, schlenkerten zwei lange, blonde Zöpfe in der Luft.

„Ich weiß nicht, vielleicht?“

„Huhu!“, rief Emely und schwenkte die Arme. „Huhu!“

Das Mädchen winkte freundlich zurück.

„Du kannst sie ja fragen, ob sie mit uns essen will“, schlug Sonja vor.

In diesem Moment drehte sich das Mädchen erschrocken um. Sonja hörte ein knatterndes Geräusch, und kurz darauf rollten zwei Jungs auf ihren Mopeds auf den Steg. Das Mädchen wich zurück, bis es an der Kante stand. Die Reifen der Mopeds kamen direkt vor ihren Beinen zum Stillstand.

Sonja schüttelte den Kopf und hielt Emely fest, die gerade zu dem Mädchen laufen wollte.

„Warte noch“, murmelte sie.

Diese Burschen schienen nicht besonders nett zu sein.

„Da ist ja dein Schwesterlein“, sagte Wilf und grinste. „Willst du eine Runde mitfahren?“

Er schraubte am Lenker, und der Motor heulte knatternd auf.

Lisa schüttelte den Kopf und schob die Füße noch ein kleines Stück zurück. Ihre Fersen befanden sich nun schon über dem Rand des Stegs.

Sie versuchte, ganz still zu stehen, um nicht die Balance zu verlieren.

Mirko rückte nach. Millimeter um Millimeter schob er das Moped näher. Bis der Reifen auf Lisas Jeans drückte.

„Warum so unfreundlich, wenn du schon so nett eingeladen wirst?“

„Ja genau!“, krähte Wilf. „Warum gibst du mir einen Korb? Ich mag es nicht, wenn mich die Weiber abblitzen lassen!“ Er kicherte.

„Ich … ich muss nach Hause, Papa helfen“, stammelte Lisa und sah nervös über ihre Schulter. Jeden Moment würde sie ins Wasser fallen. Sie konnte schwimmen, aber um diese Zeit war es noch eiskalt.

„Papa helfen, Papa helfen“, äffte Mirko sie nach. „Ich sage dir, was du zu tun hast, und wenn Wilf möchte, dass du mit ihm fährst, machst du das gefälligst auch!“

Mitfahren.

Lisa biss sich auf die Unterlippe. Beim letzten Mal waren sie mit ihr in den Wald gefahren und hatten sie gezwungen, sich auszuziehen – und über sie gelacht.

Über ihren dünnen, knochigen Kleinmädchenkörper. Und Witze gerissen, die Lisa nicht verstanden hatte, aber die sie zu Tode geängstigt hatten.

Mitfahren. Niemals wieder!

„Vielleicht möchtest du ja lieber ein Bad nehmen?" Mirko drückte den Reifen in ihre Knie.

Lisa ruderte mit den Armen, als sie nach hinten zu kippen drohte.

„Dann soll sie sich aber zuerst ausziehen." Jetzt schob auch Wilf das Moped näher, und Lisa wusste, jeden Moment würde sie fallen.

„Ja, zieh dich aus, sonst werden deine Kleider nass", murmelte Mirko und sah ihr tief in die Augen.

Lisa kannte diesen Blick.

Spaß, es machte ihm Spaß.

Wilf beugte sich grinsend über den Lenker. „Vielleicht sieht man inzwischen ja eine Beule auf der Brust. Oder vielleicht sind ihr ein paar Haare gewachsen? Wie alt bist du denn jetzt?"

Lisas Gesicht rötete sich vor Scham. „Verschwindet!", schrie sie verzweifelt. „Lasst mich in Ruhe!"

Sie schoben die Mopeds gleichzeitig an, und Lisa stürzte ins Wasser.

Es war so kalt, dass sie vor Schock gelähmt war und hilflos in die Tiefe sank. Über ihrem Kopf bewegten sich die Silhouetten der über den Steg ragenden Reifen wie tanzende Schlangen. Ihre Füße berührten den Grund, und endlich fand sie die Kraft, sich abzustoßen. Prustend und wild um sich schlagend, tauchte sie auf und schnappte nach Luft.

Wilf und Mirko lachten laut.

„Na, wie ist denn das Wasser?“

Lisa versuchte, sich an den Steg zu klammern, aber es gelang ihr nicht. Jedes Mal, wenn ihre Finger Halt fanden, drehten die beiden ihre Vorderreifen, und es blieb ihr nichts übrig, als loszulassen.

Sie würden ihr die Finger zerquetschen. Sie wollten ihr noch eine Weile zuschauen.

Wie sie im Wasser strampelte und ihre Zähne vor Kälte klapperten.

„Sie ist ins Wasser gefallen!“, schrie Emely. „Mama, sie ist ins Wasser gefallen!“

„Du bleibst hier! Du rührst dich nicht von der Stelle“, sagte Sonja in einem Ton, von dem Emely wusste, dass sie gehorchen musste.

Sonja rannte los. Es schien ewig zu dauern, bis sie den Steg erreichte.

„Weg da! Macht Platz!“, brüllte sie und verpasste einem der Burschen einen heftigen Stoß in den Rücken.

Er kippte auf seinem Moped zur Seite und konnte sich im letzten Moment noch fangen. Beinahe wäre er selbst im Wasser gelandet.

Sonja kniete sich auf den Steg und packte die Hände des Kindes. Es gelang ihr mit Mühe, das Mädchen aus dem Wasser zu ziehen.

„Oh nein, oh nein, mein armes Kind“, klagte sie, als es sich zitternd wie ein Embryo zusammenrollte.

Sonja drehte sich um und funkelte die beiden wütend an.

„Seid ihr eigentlich völlig von Sinnen? Wie könnt ihr so etwas einem Kind nur antun, ihr feiges Pack! Dreckschweine!“ Ihre Stimme überschlug sich vor Zorn.

Mirkos Gesicht verdüsterte sich. Er starrte auf sie herunter.

Was zum Teufel nahm sich dieses Weib heraus? Was bildete sie sich ein, wer sie war! Eine reiche Zicke, die glaubte, sich einmischen zu können. Wie konnte sie es wagen, ihn zur Seite zu schubsen, wie einen lästigen Straßenköter!

Ihn beschimpfen!

„Halt die Schnauze, du verdammte Schlampe!“, zischte er. „Halt verdammt noch mal die Fresse!“

Mit jedem Wort wurde er wütender. Er ließ den Motor aufheulen und sah drohend auf sie hinab. „Reiß noch mal das Maul auf, und du landest auch im Wasser! Du dämliche Kuh!“

Die Frau hörte ihm gar nicht zu. Sie hatte ihre Jacke ausgezogen und frottierte damit Lisas Körper.

„Komm“, sagte sie und half ihr aufzustehen. „Komm, ich bring dich ins Dorf.“

Sie legte einen Arm um die Schultern des Mädchens und führte es mit sich fort. „Emely!“, rief sie. „Emely, schnell, komm her! Wir müssen das Mädchen ins Warme bringen.“

„Puh, das wird Ärger geben“, sagte Wilf. Innerlich stellte er sich schon mal auf seinen Vater ein. Auf den Gürtel und auf die Faust, die in seinem Gesicht landen würde.

„Lisa wird nicht reden. Sie wird sagen, dass sie von selbst ins Wasser gefallen ist.“ Mirko sah dem kleinen Trüppchen nach, das aus ihrem Blickfeld entschwand.

„Lisa nicht, aber diese Frau."

Mirko sah ihn an – mit einem Ausdruck in den Augen, der Wilf einen Schauer über den Rücken jagte. „Nein. Das wird sie nicht."

„Wie heißt du denn?", fragte Sonja das Mädchen, während sie mit ihr auf das Dorf zuliefen.

„Lisa." Inzwischen hatten ihre Zähne aufgehört zu klappern, und die Wangen hatte wieder etwas Farbe bekommen.

„Ich heiße Emely!", rief Emely außer Atem. Mit ihren kurzen Beinen hatte sie Mühe, mit den beiden Schritt zu halten. „Und ich wollte dich zu unserem Picknick einladen."

„Das … das ist sehr nett von dir."

Sonja wünschte sich, sie wären nicht zu Fuß unterwegs. Sie hatte Lisa ihre Jacke übergezogen, und nun spürte sie selbst den kalten Wind. Sie sah sich um. Weit und breit war kein Auto zu sehen, niemand, der ihnen helfen konnte.

Hoffentlich bekommt sie keine Lungenentzündung in diesen nassen Kleidern! Schnell, wir müssen schneller laufen.

„Wer waren denn diese Kerle? Kennst du sie?"

Lisa antwortete nicht, und Sonja dachte schon, sie hätte sie nicht gehört.

„Das waren doch zwei Jungs von hier?"

Lisa hielt den Blick fest auf ihre Füße gerichtet.

„Mein Bruder und sein Freund." Es klang gepresst.

„Dein Bruder?", rief Sonja entsetzt. „Das war dein eigener Bruder? Das scheint mir ja ein richtiger …" Sadist zu sein, hatte sie sagen wollen, aber sie biss sich auf die Zunge. Sie wollte vor den beiden Mädchen nicht aussprechen, was sie über diese Kerle gedacht hatte, als sie gesehen hatte, mit welch perverser Freude sie das Kind gequält hatten.

„Ich hoffe, euer Vater erteilt ihm eine gerechte Strafe. Soll ich mit ihm reden?"

„Nein!" Lisa sah erschrocken auf. „Nein, bitte, das müssen Sie nicht!"

Sie hat Angst vor ihm! Wer weiß, was er mit ihr schon angestellt hat.

„Na gut, wenn du meinst", sagte Sonja, um sie zu beruhigen. Aber sie hatte nicht vor, die Sache auf sich beruhen zu lassen.

Als sie das Dorf erreichen, waren alle drei außer Atem.

„Wo wohnst du denn?"

„Auf dem Bauernhof am Ende der Straße, da, wo Ihr Ferienhaus steht."

„Du meine Güte! Das ist ja noch weit!" Sonja sah sich um. Sie wollte das nächste Auto aufhalten, das vorbeikam.

Lisa schlüpfte aus der Jacke und hielt sie ihr hin.

„Danke, danke, dass Sie mir geholfen haben. Aber ich laufe jetzt zu Irmi", sagte sie und schlang sich die Arme um den Oberkörper. „Ist nicht mehr weit. Da, dort drüben im Hotel wohnt sie."

Sonja hätte sie gerne noch begleitet, aber Lisa hatte sich schon umgedreht und rannte davon.

„Tschüss Lisa!", rief ihr Emely hinterher. „Ich komm dich besuchen!"

Sonja lauschte. Oben war alles still. *Ob sie jetzt endlich schläft?*

Emely war nach dem Vorfall am Weiher völlig aufgelöst gewesen. Sie konnte einfach nicht begreifen, wie jemand so böse und gemein zu einem kleinen Mädchen sein konnte.

„Warum haben die das gemacht?“, hatte Emely den halben Nachmittag gefragt. „Warum waren die so gemein zu Lisa? Ihr Bruder und der andere.“

Weil sie böse sind, sadistisch und kaltherzig!

Natürlich hatte Sonja das so nicht gesagt.

„Also so einen Bruder möchte ich nie haben. Ich will sowieso lieber eine Schwester haben. Aber nur, wenn sie so nett ist wie Lisa. Lisa ist doch nett, also warum haben die …“

Sonja hatte versucht, Emely zu beruhigen, und sich die ganze Zeit gewünscht, dass Patrick da wäre. Und es dann endlich geschafft, Emely zu einem Mittagsschläfchen zu überreden. Denn heute durfte sie ja länger aufbleiben, damit sie sich die Walpurgisfeuer ansehen konnten.

Obwohl … Sonja war die Lust darauf vergangen, und vielleicht wäre das für Emely auch zu viel Aufregung an einem Tag.

Sie sah auf die Uhr. Schon vier.

Noch zwei Stunden, dann würde Patrick zurück sein.

Und dann muss er etwas unternehmen!

Sonja wollte diese beiden Kerle auf keinen Fall einfach so davonkommen lassen.

Auch wenn Lisa das nicht möchte. Sie müssen zur Verantwortung gezogen werden, einen Denkzettel erhalten, damit ihnen nie wieder in den Sinn kommt ...

Sonja runzelte die Stirn.

Wie alt mögen sie sein? Sechzehn vielleicht? Ja, und das sind keine Kinder mehr. Pubertierende Jungs, denen die ersten Bartsprossen den Verstand vernebelt haben.

Ihre Hände begannen vor Empörung zu zittern, als sie daran dachte, wie unflätig einer dieser Kerle sie beschimpft hatte.

„Weißt du, wo diese Kostüme sind?"

Rita sah erstaunt auf das gerahmte Foto, das ihr Mirko vor die Nase hielt.

Zwei Hexen, die winkend auf der Bank vor dem Haus saßen. Rita wusste, dass das Alberts Eltern waren, die sich als Jugendliche den Spaß geleistet hatten und in der Walpurgisnacht mitgefeiert hatten.

„Was willst du denn damit?"

„Na, was schon? Heute ist Walpurgisnacht, oder hast du das nicht mitbekommen?"

„Aber du hast dich doch noch nie verkleidet?" Rita ließ verwundert das Hemd sinken, das sie eben in die Waschmaschine hatte legen wollen.

Mirko hatte bis jetzt für dieses Fest, an dem hauptsächlich die Dorfjugend teilnahm, nur Verachtung gezeigt.

„Einmal ist immer das erste Mal, und heute ist mir danach. Also, wo ist das Zeug? In diesem Haus wird ja nie etwas weggeworfen.“

Er wirkte sehr ungeduldig.

„Nun, wenn sie noch da sind, dann sicher auf dem Dachboden. Ich wüsste nicht, wo sonst.“

Verblüfft starrte sie ihm nach, als er davonstürmte.

Mirko will sich verkleiden? Das ist ja jetzt was ganz Neues. Aber man weiß ja, dass manche Jugendliche plötzlich auf seltsame Ideen kommen.

Mirko kroch auf allen vieren über den staubigen Boden. Er hatte schon die Hälfte der Schachteln und Truhen durchsucht, die sich hier türmten.

Alles voll mit Gerümpel und altem Zeugs!

So langsam war er frustriert und fürchtete schon, dass er seinen schönen Plan vergessen könne. Da fiel sein Blick auf einen alten Schrank, an dessen Tür völlig schief ein Spiegel hing. Mirko rappelte sich auf und klopfte sich den Staub von der Jeans.

Der Spiegel war mit schwarzen Flecken gesprenkelt und hing nur noch an einer Schraube. Als Mirko hineinblickte, sah es so aus, als hätte er Pocken.

Letzter Versuch, dachte er und zerrte die verzogene Türe auf.

Schön säuberlich auf Bügeln hing genau das, was er brauchte.

Mirko lächelte zufrieden.

Wilf zerrte an seiner Perücke. Die verfilzten grauen Haare rochen muffig. Und er fragte sich, wie er in diesem langen, wollenen Rock gehen sollte, ohne auf die Nase zu fallen.

„Willst du das echt durchziehen?", fragte er.

Eine Scheißidee!

Mirko war damit beschäftigt, sich eine dunkelbraune Paste ins Gesicht zu schmieren. Er war schon fertig kostümiert.

„Ja, und du wirst mitkommen."

Wilf kannte diesen Ton. Es gab keine Widerrede.

Also hielt er still, als Mirko ihm das Gesicht mit der Farbe bestrich.

„Ist das wirklich nötig?", maulte Wilf. „Wir haben doch Masken auf."

„Schnauze."

Mirko sah zum Fürchten aus in seinem Hexenkostüm. Auch ohne die geschnitzte Holzmaske vor dem Gesicht.

Oder vielleicht deswegen.

Blanke Wut und Entschlossenheit. Augen wie Kieselsteine.

„Los jetzt."

Mirko streifte sich die Handschuhe über und zog sich die Maske vors Gesicht. Wilf tat es ihm gleich. Sein Blickfeld war plötzlich eingeschränkt, und er musste den Kopf drehen, um zu sehen, was um ihn herum vorging.

Mist!

„Bist du sicher, dass sie alleine ist?" Seine Stimme klang seltsam hohl hinter der Maske.

„Ganz sicher.“ Mirkos Stimme schien ein Echo zu produzieren, und fast hätte Wilf gelacht.

„Ich habe gesehen, wie der Alte gestern Nachmittag mit seinem Scheiß-Jaguar abgehauen ist. Fast hätte er mich über den Haufen gefahren, das verdammte Arschloch!“

„Und was, wenn er inzwischen zurückgekommen ist?“ Wilf versuchte, mit Mirko Schritt zu halten.

„Dann werden wir das wissen, weil das Auto wieder vor dem Haus steht, du Idiot!“

Wilf hoffte inständig, dass es so sein möge.

Denn dann würden sie an dem Haus vorbeigehen. Hinunter ins Dorf. Ein paar Weiber erschrecken, ums große Feuer tanzen und so lange saufen, bis Mirko seinen Zorn ertränkt hatte.

„Was hast du eigentlich mit ihr vor?“, fragte er und hoffte auf eine Antwort, die ihn etwas beruhigen würde.

„Der verfluchten Schlampe eine Lektion erteilen. Und zwar eine, die sie nie mehr vergisst!“

Eine Lektion.

Wilf lief der Schweiß über das Gesicht. Und das lag nicht an dieser dämlichen Kostümierung.

Langsam wurde es dunkel und Sonja schaltete das Küchenlicht ein. Patrick hatte angerufen, er würde bald hier sein und sich über einen Kaffee freuen.

Sie kramte das Geschirr aus dem Schrank. *Oder wäre ein Schnaps besser?*

„Ist etwas passiert? Du klingst so seltsam?“, hatte er am Telefon gefragt.

„Ja, nein, also uns beiden geht es gut. Ich erzähle es dir, wenn du da bist.“

Patrick wird sich schrecklich aufregen.

Ein leises Klopfen an der Tür, fast zaghaft.

Sonja stellte die Tasse zur Seite. Wer war das denn? Sie erwartete niemanden.

Vielleicht Lisa? Vielleicht ist sie gekommen, um uns zu sagen, dass es ihr wieder gut geht!

Sonja eilte zur Tür und öffnete sie.

Drei Sekunden stand sie da wie paralysiert.

Vor ihr standen zwei Monster. Chimären, aus der Hölle emporgestiegen.

Aus den Schlitzen ihrer Fratzen musterten sie glitzernde Augen.

Sonja schnappte nach Luft.

Hexen! Natürlich, es ist doch Walpurgisnacht.

Seltsamerweise beruhigte sie dieser Gedanke nicht.

„Ja?“ Sie hörte selbst, dass ihre Stimme viel zu hoch klang.

Die Hexen blieben stumm.

Was um Himmels willen wollen die denn? Süßigkeiten, so wie Kinder an Halloween?

Der Gedanke war absurd. Das hier waren keine harmlosen Kinder. Das waren zwei ausgewachsene Männer!

Mit einem Schlag wurde ihr klar, wer in diesen Kostümen steckte.

Sonja wollte die Tür wieder zuwerfen, aber es war zu spät.

Emely wälzte sich in ihrem Bett im Obergeschoss. Es hatte lange gedauert, bis sie eingeschlafen war.

Zuerst musste sie ihrem Stoffhasen die ganze Geschichte erzählen. Denn er hatte im Rucksack ja nicht sehen können, was der armen Lisa passiert war.

Nun lag der Hase in ihren Armen und starrte mit seinen Glasaugen an die hölzerne Decke. Emely jammerte im Traum, drehte sich um und begrub das Plüschtier unter ihrem Bauch.

Der Schlag war so heftig, dass Sonja taumelnd rückwärts durch den Raum flog. Sie landete mit ausgebreiteten Gliedern vor dem Sessel.

Sonja stöhnte und rappelte sich in eine sitzende Position.

Emely, bitte lieber Gott! Emely, mach, dass sie tief und fest schläft!

Der Gedanke, dass Emely jetzt schlaftrunken die Stufen heruntertapsen könnte, versetzte sie mehr in Panik als die beiden Hexen, die sich breitbeinig vor ihr aufgebaut hatten.

„Was wollt ihr von mir?“, fragte sie, obwohl sie es längst wusste.

Sie wollten sie strafen. Dafür, dass sie sie beschimpft hatte.

Ihr Magen zog sich zusammen, aber sie bemühte sich, keine Furcht zu zeigen.

Das sind doch noch halbe Kinder, ich muss versuchen mit ihnen zu reden.

Sonja wollte aufstehen, aber die größere der beiden Hexen stellte ihr einen Fuß auf den Bauch.

Ein Stiefel. Ein schwerer, dreckiger Motorradstiefel. Er lag wie ein Stein auf ihr, und Sonjas Herz begann zu rasen.

Diese Stiefel! Das sind tatsächlich diese Burschen. Ich hätte nicht auf Patrick warten sollen, ich hätte den Vorfall sofort ... Jetzt ist es zu spät!

Noch immer hatte keiner der beiden ein Wort gesagt.

„Hör auf damit! Was wollt ihr von mir?“ Ihre Stimme klang immer noch so unnatürlich hoch.

Die Hexe beugte sich nach vorne, stützte sich auf das Knie, und der Stiefel presste alle Luft aus Sonjas Lungen.

„Ich weiß, wer ihr seid!“, schrie sie verzweifelt. „Ich weiß, wer ihr seid, und ich werde euch anzeigen, wenn ihr nicht sofort hier verschwindet!“

Im selben Moment bereute sie, dass sie so laut geschrien hatte.

Emely! Bitte lass sie schlafen!

Das Lachen hinter der Maske klang hohl, die Augen funkelten amüsiert. „So, du weißt also, wer wir sind. Dann ist dir ja auch klar, weshalb wir hier sind.“

Sonja versuchte, seinen Fuß von ihrem Bauch zu drücken. Es war hoffnungslos.

„Ja“, keuchte sie. „Ihr seid wütend, weil ich euch … euch beschimpft habe.“

„Dreckschweine“, die Stimme klang mit einem Mal freundlich. „Du hast uns Dreckschweine genannt.“ Er zog sich die Maske vom Gesicht, und Sonja wurde von Panik überrollt.

Selbst wenn er sich das Gesicht nicht mit brauner Farbe beschmiert hätte, hätte sie sich gefürchtet.

Wie er mich ansieht!

„Bitte“, wisperte sie. „Bitte, ich …“

„Noch nie hat mich jemand Dreckschwein genannt. Und schon gar nicht so eine Schlampe!“

Er hob den Fuß und verpasste ihr einen Tritt in die Seite.

Der Schmerz war so grauenvoll, dass Sonja nicht einmal schreien konnte. Tränen schossen wie eine Sturzflut aus ihren Augen, und sie krümmte sich zusammen. Alles um sie herum begann sich zu drehen.

„Na? Wie fühlt sich das an?“ Er ging in die Knie und packte sie am Kinn. „Schau mich an, wenn ich mit dir rede!“

Sonja rang nach Luft. Sein Gesicht schwebte verschwommen vor ihren Augen.

„Bitte, bitte, tu mir nicht weh“, flehte sie, obwohl sie wusste, es würde nichts nützen. Sie konnte es in seinen Augen sehen.

„Jetzt siehst du, wie sehr es schmerzt, wenn man verletzt wird. Und du hast mich verletzt“, sagte er anklagend. „Dreckschwein. Dieses Wort hat mir unglaubliche seelische Schmerzen bereitet.“

Wilf trat neben ihnen unruhig von einem Bein aufs andere.

„Lass gut sein jetzt“, sagte er und legte Mirko eine Hand auf die Schulter.

Mirko schüttelte sie unwirsch ab. „Ich bin noch nicht fertig mit der Schlampe“, knurrte er.

„Bitte, ich entschuldige mich dafür“, stammelte Sonja. „Ich entschuldige mich.“

„Siehst du? Sie hat sich entschuldigt, also lass uns hier abhauen.“ Wilf bereute längst, dass er sich zu diesem Besuch – so hatte Mirko es formuliert – hatte überreden lassen.

Für das hier kommen wir in den Knast!

„Du bist ein solcher Idiot!“ Mirko erhob sich kopfschüttelnd. „Erstens reicht mir das nicht, und zweitens, du Blödmann, was, glaubst du, wird die Schlampe machen, wenn wir hier weg sind? Na, was denkst du?“

Ja, ich bin ein dämlicher Hund, ein Idiot! Wilf rang die behandschuhten Hände. *Warum bin ich Trottel mitgegangen? Wir landen im Gefängnis!*

„Bitte! Ich werde schweigen. Bitte geht jetzt!“ Sonja versuchte sich aufzurichten, aber Mirko drückte sie mit seinem Stiefel wieder zu Boden.

„Ich werde bestimmt niemandem etwas sagen. Kein Mensch wird erfahren, dass ihr hier wart.“ Sie schluchzte. „Ich werde schweigen, ganz sicher! Bitte … ich …“

Vor dem Haus hupte ein Auto, und Wilf wäre vor Schreck fast in Ohnmacht gefallen.

„Verdammter Mist, was ist das?“ Er rannte zum Fenster und spähte hinaus. „Oh nein! Verfluchte Scheiße!“

Ein Jaguar rollte vors Haus.

„Der Alte ist wieder da! Was machen wir denn jetzt?“

Wilf konnte sich nicht vom Fenster losreißen. Wie hypnotisiert beobachtete er, wie der Mann ausstieg, den Kofferraum öffnete und sich hineinbeugte.

Wir sind geliefert! Wir sind total am Arsch!

Endlich schaffte er es, sich aus seiner Schockstarre zu lösen.

„Weg, wir müssen hier weg!“, kreischte er und drehte sich um.

Mirko kniete vor der Frau. Wilf konnte nur seinen Rücken sehen und ihre ausgestreckten Beine.

„Nein“, sagte Mirko und erhob sich. „Nein, das können wir nicht!“ In der Hand hielt er ein Messer, von dem Blut tropfte.

Wilf schnappte nach Luft.

Die Frau saß mit gespreizten Beinen an den Sessel gelehnt. Die Arme hingen schlaff herunter, die Handflächen nach oben gedreht, als erwarte sie eine milde Gabe.

Wilf sank fassungslos auf die Knie.

„Was hast du getan? Oh Gott, was hast du angerichtet!“

Mirko hatte ihr die Kehle durchgeschnitten.

Lautlos, hinter seinem Rücken.

Wieso ... hat ... dieser Wahnsinnige ... ein Messer! Ein Messer mitgenommen ... Er hatte das vor, von Anfang an! Und ich, ich Idiot bin ... habe ...

Wilf konnte keinen klaren Gedanken mehr fassen. Er konnte den Blick nicht von der klaffenden Wunde am Hals wenden. Von der Brust der Frau. Der blutgetränkten Bluse.

So viel Blut! Wie kann ein Mensch nur so viel Blut …

„Du Arschloch!“, brüllte er und rappelte sich mit geballten Fäusten hoch. „Du Psycho! WAS HAST DU GETAN?!“

Mirko sah ihn völlig gelassen an und legte sich einen Finger auf die Lippen.

„Pst! Sei still, wir sind noch nicht fertig.“

Emely wälzte sich unruhig hin und her. Ihre Hand streifte die Ohren des Stoffhasen, und ihre Finger packten zu. Sie drückte ihn an ihre Wange, und der vertraute Geruch beruhigte sie.

„Mein Mümmelhase.“

Sie konnte Papas Stimme hören und lächelte.

In ihrem Traum war er zurückgekommen.

Patrick streifte sich die Schuhe auf dem Türvorleger ab und wunderte sich. Er hatte erwartet, dass Emely sein Hupen gehört hatte und ihm entgegenstürmte.

Lachend und ungeduldig, ihn in Beschlag zu nehmen.

Vielleicht hatte Sonja es heute ausnahmsweise einmal geschafft, sie zu einem Nickerchen zu überreden. Es würde ja sicher spät werden heute Abend.

Sonja hatte seltsam geklungen am Telefon. So, als hätte sie sich schrecklich über etwas aufgeregt.

Patrick öffnete die Tür und wurde von einer Lawine überrollt. Den in Einzelteile zersprungenen Fragmenten seiner Welt.

Sonja.

Sein Verstand konnte nicht verarbeiten, was seine Augen sahen.

Falsch.

Das war alles falsch.

Vollkommen unmöglich!

Er stand bewegungslos in der Tür.

Das ist nicht Sonja! Diese Frau, die da in ihrem Blut liegt, kann nicht Sonja ...

Er ließ die Reisetasche fallen und machte einen Schritt ins Innere des Hauses.

In seinen Ohren gellte ein Geräusch. Es klang wie das Heulen eines wilden Tiers.

Noch ein Schritt.

Gleich wird dieses Bild verschwinden ... Gleich wird alles in Ordnung sein ... gleich …

Er konnte ihre Augen nicht sehen. Ihr Kinn lag auf der Brust, ihre seidigen Haare hingen über ihr Gesicht.

Das Heulen wurde immer lauter.

Unerträglich.

„Willkommen zu Hause“, sagte die Hexe.

Und Patrick begriff, dass das Heulen aus seiner Kehle kam.

Emely blinzelte. Der Stoffhase klebte an ihrer Wange und ihr Pyjama am Körper. Sie war völlig nassgeschwitzt.

Im Traum war sie gerannt. Über den Steg am Weiher. Im Wasser gab es keine Fische. Nur das Mädchen, das hilflos darin strampelte und die Hände nach ihr ausstreckte.

Lisa.

„Mama, wo bist du?“, schrie Emely und sah sich um.

Sie war viel zu klein und zu schwach, um das Mädchen aus dem Wasser zu ziehen. Aber ihre Mutter war nicht da.

„Lauf!“, schrie Lisa. „Lauf weg! Sie kommen!“

Emely drehte sich um und sah die beiden Jungs auf ihren Mopeds. Sie schraubten an den Lenkern, und die Motoren heulten auf.

Laut und kreischend.

Es war kein Traum.

Dieses fürchterliche Schreien war echt.

Es kam von unten.

Emely richtete sich mit einem Ruck auf.

Es fühlte sich an, als bewege er sich unter Wasser. Patricks Beine wollten ihm kaum gehorchen, als er auf Sonja zuging.

Nicht wahr ... das ist nicht geschehen …

Seine Blicke flogen durch den Raum.

Emely! Wo ist Emely?

Eine Eiseskälte breitete sich in seinen Eingeweiden aus bei dem Gedanken an seine kleine Tochter. *Ist sie tot?*

Er würde auf der Stelle sterben bei ihrem Anblick.

Emely war nirgends zu sehen.

Nur die beiden Hexen.

Zwei Männer, von denen der eine seine Maske lässig auf den Hinterkopf geschoben hatte und jede seiner Bewegungen aufmerksam verfolgte.

Und mit dem Messer in der Hand auf seinen Schenkel klopfte. Der schäbige Rock war mit Blut befleckt.

Sonjas Blut.

Dieser Gedanke verursachte eine Explosion in Patricks Kopf, die jegliche Vernunft auslöschte.

Mit einem Wutschrei und geballten Fäusten stürzte er sich auf den Mann. Er wollte ihn in Stücke reißen, er wollte ihn …

Mirko war darauf gefasst gewesen, er hätte genau das Gleiche getan.

Patrick spürte einen grellen Schmerz in seinem Bauch, so heftig, dass er sich an Mirkos Schultern festklammern musste. Seine Beine knickten ein.

„Was hattest du denn vor?“, fragte Mirko und zog das Messer zurück.

Ungläubig starrte Patrick an sich herab.

Das ist mein Blut. Das geschieht wirklich ...

Den zweiten Stich, der genau sein Herz traf, nahm er gar nicht mehr wahr.

Mirko ließ ihn zu Boden gleiten. Fast fürsorglich.

Wilf stand immer noch wie erstarrt an derselben Stelle. Er hatte das Gefühl, endgültig den Verstand zu verlieren. Fassungslos sah er zu, wie Mirko den Mann zu seiner Frau schleifte und seinen leblosen Körper an ihre Seite lehnte.

„Auf dass der Tod euch nicht scheidet. Amen“, murmelte Mirko.

Emely rutschte vom Bett und tapste barfuß zur Tür. Das beängstigende Heulen hatte aufgehört.

„Das war doch bloß ein Traum“, sagte sie zu ihrem Hasen und öffnete die Tür.

Ein brüllender Wutschrei ließ sie zusammenzucken, das Plüschtier glitt ihr aus der Hand.

Papa? Das ist doch Papa?

Ihr Herz klopfte heftig. Was konnte das sein, dass Papa so schrie?

Sie wagte es nicht, nach unten zu gehen, und kauerte sich im Flur zusammen.

Papa? Mama?

In Wilfs Magen brodelte es. Eine säuerliche Flüssigkeit stieg hoch in seine Kehle, und er begann zu würgen.

„Wage es nicht!“, zischte Mirko. „Wage es ja nicht, hier drin zu kotzen!“

Wilf schluckte heftig. Er hatte das Gefühl, jeden Moment zu ersticken. Aber er wollte die Maske nicht vom Gesicht nehmen. Das lästige Ding fühlte sich plötzlich an wie ein Schutzschild. Wenn er den Kopf gerade hielt, konnte er dank den schmalen Augenschlitzen die beiden Leichen auf dem Boden nicht mehr sehen.

„Wir werden den Rest unseres Lebens im Gefängnis verbringen“, stammelte er. Seine Stimme kam ihm völlig fremd vor.

„Du bist vielleicht ein dämlicher Angsthase!“ Mirko lachte.

Dieser Psycho lacht! Wilf konnte es nicht fassen.

„Wir sind nie hier gewesen! Uns wird niemand verdächtigen. Wieso auch. Die Kostüme und das Messer lasse ich verschwinden. Und meine wunderbare Mutter wird uns ein Alibi geben, falls das tatsächlich nötig werden sollte.“

Wilfs Herz verlangsamte seinen rasenden Galopp.

Ja, vielleicht. Die Handschuhe. Er blickte auf seine zitternden Hände. *Wir haben nichts angefasst, niemand hat uns gesehen und ...*

SCHEISSE!

Noch drei Stufen.

Emely stand auf der Treppe und starrte sie mit weit aufgerissen Augen an.

„Wo kommst du denn jetzt her?“, fragte das Monster und ging auf sie zu.

Emelys Beine begannen zu zittern.

„Bist du alleine, oder ist da noch jemand?“

Die Hexe musterte sie mit glitzernden Augen. „Was ist? Kannst du nicht reden?“

Das ist keine Hexe. Das ist ein Mann. Emely wagte kaum zu atmen.

Das mit brauner Farbe bemalte Gesicht verzog sich angeekelt.

„Was ist *das* denn? Hast du dir jetzt in die Hose gemacht?“

Emely spürte, wie sich unter ihren Füßen eine Pfütze bildete. Sie konnte sich nicht rühren.

„Jetzt hör schon auf damit!“, sagte die andere Hexe. Eine Männerstimme hinter der Maske.

„Lass mich. Was machen wir jetzt?“ Die Hexe streckte die Hand nach Emely aus.

Nicht anfassen! Nein! Nicht!

Emely duckte sich und flüchtete in eine Ecke in der Küche.

Die böse Hexe folgte ihr langsam.

„Jetzt komm schon her! Ich tu dir doch nichts.“

Neinneinnein!

„Lass sie in Ruhe!“

Ja, bitte hilf! Emely sah hoffnungsvoll zu der Hexe. Den anderen Mann.

„Du musst diese nasse Hose ausziehen, komm, ich helfe dir!“

Emely presste sich an den Küchenschrank. Wollte damit verschmelzen.

„Hör auf! Lass uns lieber überlegen, was wir jetzt machen, verdammte Scheiße!“ Es klang ängstlich und verzweifelt.

„Willst du so rumlaufen?“ Er rückte näher. „Mit dieser vollgepissten Hose? Schäm dich!“

Ich ersticke.

Der Schweiß lief in Strömen über Wilfs Gesicht, und er zerrte sich die Maske an der Hakennase vom Gesicht. Wütend packte er Mirko an der Schulter.

„Hast du jetzt völlig den Verstand verloren? Hörst du mir eigentlich zu? Mein Gott, ich …“

„Halt endlich die Schnauze!“, fauchte Mirko ihn an. „Kapierst du nicht, worum es hier geht?“

Doch, Wilf wusste, worum es hier ging.

Um das kleine Mädchen.

Das uns gesehen hat!

„Mama!? Papa!“ Das Mädchen begann zu schreien. „Mama! Paaaaaapaaaaa!“

„Nicht schreien, hörst du? Verflucht noch mal hör auf zu schreien und KOMM ENDLICH HER ZU MIR!“

Mirko wollte sie packen, aber das Mädchen schlüpfte so unverhofft an ihm vorbei, dass er ins Leere griff.

Sie kam nicht weit.

Wie versteinert blieb sie vor ihren Eltern stehen.

„Mama? Papa?“

Sie bückte sich und griff nach der Hand ihrer Mutter.

Wilf drehte sich der Magen um.

„Hör zu, verdammt noch mal“, keuchte er und funkelte Mirko an. „Ich will mit dieser Sache nichts mehr zu tun haben, hast du verstanden? Nichts!“

Das Kind ließ die Hand seiner Mutter fallen und schüttelte den Vater an der Schulter.

Mirko beobachtete sie.

„Hast du mir zugehört?“ Wilfs Stimme klang rau, er konnte die Tränen nur mit Mühe unterdrücken. „Ich verschwinde jetzt. Und wenn du noch einen Funken Menschlichkeit in dir hast, kommst du mit mir.“

Und lässt dieses Mädchen in Ruhe!

„Kein Problem“, sagte Mirko, ohne den Blick von Emely zu wenden. „Geh nur.“

Wilf rang mit sich. Aber wie er es auch drehte und wendete, es gab keinen Ausweg.

Nicht nach dem, was hier schon geschehen war. Er konnte nichts tun. Denn so oder so, er würde jetzt den Rest seines Lebens in der Hölle verbringen. Aber vielleicht doch nicht in einer Zelle?

Er drehte sich um und rannte wie von Furien gejagt aus der Tür.

„Mama? Papa?“, flüsterte Emely.

Sie können dir nicht antworten. Nie mehr.

Irgendjemand sprach diese Worte aus. In ihrem Kopf. Emely hörte der Stimme zu. Sie musste das tun, denn die Stimme war sehr laut.

Du musst jetzt weglaufen, sagte die Stimme, *bevor die Hexe dich erwischt.*

Emely spürte an ihrem Rücken den leichten Luftzug, der durch die halboffene Haustür wehte.

Emely drehte den Kopf. Draußen war es fast dunkel.

Sie hörte, wie die Hexe einen Schritt auf sie zu machte, und rannte los.

Aus dem Haus, quer über die Straße. Ihre nackten Füße flogen über den Asphalt. Sie duckte sich unter dem Zaun hindurch und rannte, blind vor Angst, über die Wiese. Das Gras war in der Abenddämmerung feucht geworden, und Emely rutschte aus. Im letzten Moment konnte sie sich fangen. Hinter sich konnte sie die schweren Schritte der Hexe hören.

Schneller! Du musst schneller laufen!

Emely stürzte. Sie kollerte, sich überschlagend, den Hang hinunter. Scheinbar endlos, doch dann blieb sie in einer Kuhle liegen.

Die Welt hörte gar nicht mehr auf sich zu drehen, alles tat weh, und sie blieb keuchend liegen und lauschte.

Von der Hexe war nichts zu hören.

Mirko rannte kreuz und quer durch die Gegend.

Verflucht, wo steckt das kleine Miststück?

Weit konnte sie mit ihren kurzen Beinen ja nicht gekommen sein, und wenn sich dieser idiotische, lange Rock nicht um seine Waden gewickelt hätte, hätte er sie noch erwischt. Jetzt war es schon dunkel, und auf den Hügeln wurden die ersten Feuer entzündet.

Ich muss dieses Kostüm loswerden.

Er betrachtete die Flecken, die jedem auffallen würden, dem er über den Weg lief.

Das Kostüm, das Messer, und danach suche ich so lange weiter, bis ich sie erwischt habe.

Er rannte nach Hause.

Lisa hatte sich in ihr Versteck in der Scheune verkrochen. Sie hatte allen erzählt, dass sie ausgerutscht und in den Weiher gefallen war.

Und das würde sie auch ihrem Vater erzählen, wenn er am nächsten Tag wieder nach Hause kam. Einmal im Jahr gestattete es sich Albert, den Hof im Stich zu lassen, und packte eine kleine Reisetasche. Nur für zwei Nächte. Er traf sich mit alten Schulfreunden, die das Leben in alle Winde verstreut hatte.

Lisa wünschte sich, er wäre da. Auch wenn sie ihm nicht die Wahrheit erzählen durfte.

Emely lag lange im feuchten Gras und blickte zum Himmel. Die Sterne glitzerten und funkelten nah und hell.

Du musst jetzt aufstehen, sagte die Stimme.

Emely klapperte vor Kälte mit den Zähnen und gehorchte.

Auf wackeligen Beinen sah sie sich um. Wenn sie den Hang hinaufkletterte, könnte sie zu dem

Bauernhaus am Ende der Straße laufen. Dort gab es bestimmt jemanden, der ihr helfen konnte.

Und vielleicht auch Mama und Papa.

Mirko kam durch die Hintertüre in die Küche gepoltert.

„Was ist passiert?“ Rita starrte ihren Sohn an.

„Du musst mir jetzt helfen“, sagte Mirko und zerrte den Rock von seinen Hüften.

„Was … was ist das? Blut?“

„Ja, aber nicht meins.“

„Ich verstehe nicht. Was ist denn passiert?“ Rita hob den Rock vom Boden auf und sah ihrem Sohn verwirrt zu, wie er die Bluse aufknöpfte. Auch sie war voller Flecken.

„Du machst mir Angst, jetzt sag endlich, woher dieses Blut stammt!“

„Du sagst mir doch immer, wie sehr du mich liebst.“

Was soll das jetzt? Rita war völlig verstört. „Ja, ja natürlich liebe ich dich, das weißt du doch.“

Er drückte ihr die schmutzige Bluse in die Arme. „Und du würdest alles für mich tun? Alles, um mich zu beschützen?“

Rita beschlich ein ungutes Gefühl. „Ja, ich … „

„Dann kannst du es jetzt beweisen“, sagte er und strich ihr zärtlich über die Wange.

Rita riss die Augen auf. Das hatte er noch nie getan!

Mirko lächelte. „Bitte lass diese Kleider verschwinden. Endgültig. Verbrenn sie oder mach sonst was damit. Und wenn jemand fragt, ich war den ganzen Abend hier."

Jetzt hatte sie wirklich Angst.

„Mirko, um Himmels willen, du musst mir sagen, was los ist!"

Was du getan hast!

„Schscht … das braucht dich nicht zu kümmern. Tu einfach nur, was ich dir sage. Ich wasche mir jetzt erst mal diese Schmiere aus dem Gesicht. Dann muss ich noch mal kurz weg."

Es klang sehr leise und zaghaft, aber sie zuckten beide zusammen, weil jemand draußen an die Tür klopfte.

Als der Bewegungsmelder reagierte und das Licht über den Hof flutete, spähte Lisa durch die Ritze in der Scheunenwand.

Vor der Haustür stand ein kleines Mädchen in einem rosafarbenen Pyjama. Barfuß.

Das ist Emely! Was macht sie alleine hier?

Hastig wickelte sich Lisa aus ihrer Decke.

Rita musterte erschrocken das Kind. Sein Pyjama, auf dessen Brust ein fröhlicher Snoopy hüpfte, war dreckig und feucht. Die nackten Füße starrten vor Schmutz. Über das totenbleiche Gesichtchen liefen Tränen.

Das Kind weinte lautlos.

Rita ging in die Knie und griff nach seiner Hand. Sie war eiskalt.

„Kind, was machst du denn hier? Ohne Schuhe, ohne Jacke? Wo sind deine Eltern?“ Sie blickte zur Straße, aber dort war kein Mensch zu sehen.

„Die Hexen“, wisperte das Mädchen.

Ein Gedanke zuckte durch Ritas Kopf.

So entsetzlich und unvorstellbar, dass sie sich am Türrahmen festhalten musste, um nicht umzukippen.

Das Kostüm. Das Blut daran.

„Was für Hexen? Was meinst du denn? Wo sind deine Eltern?“

„Da unten!“ Das Mädchen deutete in die Richtung der Ferienhäuschen, und jetzt begriff Rita, wer sie war.

„Mama und Papa liegen am Boden, sie können nicht mehr sprechen. Das … das haben die Hexen gemacht.“ Emelys Blick verlor sich in der Ferne. „Ich bin weggelaufen“, flüsterte sie, als rede sie im Traum.

„Setz dich hierher und warte einen Moment“, sagte Rita völlig verstört. Ihr Herz raste. „Ich bin gleich wieder da. Bleib hier sitzen, hörst du?“

Das kann nicht sein. Was immer passiert ist, Mirko kann nichts damit zu tun haben!

Emely setzte sich gehorsam auf die Treppenstufe und schlang die Arme um die angezogenen Beine.

Rita schloss die Türe hinter sich.

Was hat er getan? Um Gottes willen, was hat er getan?

Mirko kam auf sie zu und nahm sie in die Arme. „Es war wirklich keine Absicht, das musst du mir jetzt glauben“, murmelte er in ihr Ohr. „Ich habe die Beherrschung verloren, und dann ist es einfach so passiert.“

Rita stöhnte. *Sie können nicht mehr sprechen, hat die Kleine gesagt. Das Blut. Das Blut auf seinem Kostüm. Er hat sie umgebracht.*

Zu Stein erstarrt ließ sie sich von ihm halten und drücken.

„Es gibt keine Zeugen außer dem Mädchen. Lass mich jetzt einfach durch diese Tür gehen, dann wird alles gut.“

Rita stieß ihn heftig von sich weg. Das konnte doch nicht wahr sein. Das konnte dieser sechzehnjährige Junge nicht gesagt haben. Ihr eigener Sohn! Sie glaubte den Verstand zu verlieren, als sie ihn ansah und begriff, dass er wirklich vorhatte, dieses Kind zu töten.

„Du bist wahnsinnig“, stammelte sie. Ihre Gedanken rasten. War er das? Wahnsinnig? Geisteskrank? Oder hatte sie ihn zu dem gemacht, was er war? Man würde ihn für immer einsperren. Sie würde ihn verlieren. Sie musste ihn aufhalten, und vielleicht gab es ja doch eine winzige Chance.

Es gibt keine Zeugen außer dem Mädchen!

Er wollte sich an ihr vorbeidrängen.

„Nein! Mirko! Das Kind redet von Hexen … Es ist doch noch viel zu jung, um eine vernünftige Personenbeschreibung abzugeben. Ich selbst habe dich mit der Schminke im Gesicht kaum erkannt. Was immer vorgefallen ist, lass dieses Kind in Ruhe. Hörst du? Verschwinde jetzt nach oben und bleib da.“

Was er auch getan hat, ich werde ihn schützen. Wenn es sein muss, nehme ich alle Schuld auf mich. Aber ich werde nicht zulassen, dass er diesem Kind etwas antut!

Vor der Türe klang Lisas Stimme auf.

„Emely, was machst du denn hier? Wo ist deine Mama? Du frierst ja. Komm, ich wickle dich in meine Decke ein. Emely?“

Emelys Schluchzen ging unter in Lisas tröstendem Gemurmel.

Mirko ballte die Fäuste.

Lisa. Jetzt stand ihm auch noch Lisa im Weg.

„Verschwinde endlich“, fauchte Rita kreidebleich. „Ich werde jetzt Jürgen anrufen.“

Sie ruft tatsächlich die Polizei!

Mirko wollte aufbegehren, aber seine Mutter hatte recht. Was blieb denn jetzt noch übrig?

Und es kam so, wie sie prophezeit hatte. Das verstörte Mädchen war als Zeugin unbrauchbar. Und sein Onkel Jürgen sorgte dafür, dass er gar nicht erst in den Fokus der Ermittlungen geriet.

Wahrscheinlich war die Nutte wieder zu ihm ins Bett gekrochen.

Die Hexen!

Zwei Männer in Kostümen.

Mörder.

Die Erinnerungen an den Tod ihrer Eltern brachen wie eine Sturmflut über Emely herein. Bilder und Gedankenfetzen wirbelten in rasender Geschwindigkeit durch ihren Kopf. Sie war die Hauptdarstellerin in einem Film, der viel zu schnell abgespielt wurde und den sie nicht anhalten konnte.

Dessen Ende unausweichlich war.

Erinnere dich! Du musst jetzt erkennen … Valeries Stimme.

Nein. Ich kann nicht! Ich halte das nicht aus!

Aber der Geruch der Wolldecke stieg ihr wieder in die Nase. Ein Mann trug sie zum Auto und setzte sie auf den Schoss einer Frau.

Es regnete.

Durch die beschlagenen Scheiben zuckten blaue Lichter, als sie langsam an dem Ferienhäuschen vorbeirollten. Die Haustüre stand weit offen, drinnen brannte überall Licht, und ein Mann in Uniform winkte ihnen kopfschüttelnd zu.

„Die arme Kleine“, murmelte die Polizistin, die sie in den Armen hielt.

„Ja, armes Ding. Ob sie es wohl mit angesehen hat?“, sagte der Fahrer.

„Hoffentlich gibt es noch irgendwelche Verwandte. Sonst ist das Kind jetzt ganz allein.“

Allein.

Erinnere dich, Emely. Du warst schon einmal so weit. Valeries Stimme.

Emely schob die Finger durch das Gittergeflecht des Käfigs und rüttelte schreiend daran.

„Allein! Ich bin allein!“

Mirko stand vor dem Haus und rauchte. Er konnte hören, wie sie im Keller schrie und tobte. Hier draußen klang es leise, aber sollte zufällig jemand vorbeikommen, wäre er geliefert.

Verflucht!

Er musste sich beeilen und dieses verrückte Miststück zum Schweigen bringen. Für immer.

Mirko hatte Emely sofort erkannt. Sie war das Ebenbild ihrer Mutter. Wie ihr Geist war sie aufgetaucht, und er hatte keine Sekunde daran gezweifelt, dass sie etwas im Schilde führte. Dass sie mit dem Finger auf ihn zeigen und die Bullen rufen würde. Aber sie hatte so getan, als könne sie sich an nichts erinnern und dieses lächerliche Schmierentheater aufgeführt. Warum?

Weil sie verrückt ist, übergeschnappt, dachte er. *Scheißegal!*

Sie hat sich mit dem Falschen angelegt!

Mirko streifte sich die Arbeitshandschuhe seines Stiefvaters über. Seines verstorbenen Stiefvaters, der auch gedacht hatte, er könne ihm in die Quere kommen.

Er sah sich um. Gerümpel, jede Menge brennbares Zeug.

Es lag eine Menge Arbeit vor ihm.

Er würde heute Nacht sein eigenes Walpurgisnachtfeuer entzünden.

Die kleine Hexe braten.

Und ihre Asche morgen früh mit der Gülle auf der Wiese entsorgen.

Jürgen Ferber kippte seinen Drehstuhl nach hinten und legte die Füße auf das Pult. In der einen Hand hielt er ein Sandwich und in der anderen einen Kaffeebecher.

Er hatte vor, den heutigen Abend genauso zu verbringen, und deshalb dem Kaffee noch etwas Würze verpasst. Mit einem kleinen Schuss Hochprozentigem.

Er konnte sich das erlauben, denn er war alleine auf der Polizeistation.

Seine ganze Mannschaft und dazu noch ein paar Männer der Feuerwehr als Verstärkung schoben sich durch das Partyvolk in Seltberg und Bergnauen. Lauerten an den Straßenrändern auf betrunkene Autofahrer und griffen ein, wenn Hitzköpfe ihren Streit mit den Fäusten austragen wollten.

Jürgen hatte mit diesen Feiern jahrelange Erfahrung und wusste, wo die Brennpunkte lagen. Heute genoss er das Privileg als Chef, den anderen das Vergnügen zu überlassen. Den ganzen Lärm, das Gedränge und die Besoffenen.

Er biss in sein Sandwich, das er sich mittags beim Bäcker geholt hatte. Nicht übel, aber die Brote, die ihm seine Frau früher mitgegeben hatte, hatten besser geschmeckt.

Diese Zeiten waren längst vorbei.

Inzwischen kümmerte sie sich um ihr eigenes Leben, um ihre Karriere, wie sie das nannte. Niemand hatte ihn damals mit Rita erwischt, aber seine Frau hatte geahnt, dass er sich hoffnungslos in Rita verliebt hatte.

Er hatte sich ja auch benommen wie ein dämlicher Schuljunge, dem zum ersten Mal die Hormone überkochen. Kein Wunder bei diesem Weib. Und er war nicht der Einzige gewesen, der in ihrer Nähe ins Schwitzen gekommen war. Rita hatte gewusst, wie man mit Männern umging. Aber das war lange her, und heute war diese Frau nur mehr ein Schatten ihrer selbst.

Gott sei Dank hatte damals sein Bruder Albert – Gott hab ihn selig – nichts geahnt.

Das Telefon klingelte, und es dauerte etwas, bis Jürgen den Bissen, den er nur mit Mühe zerkaute, runtergeschluckt hatte.

Die ersten Silben brachte er kaum zustande. „Nhhmpfho Jürgen Ferber?“

„Hier spricht Valerie Bienert“, sagte eine aufgeregte Frauenstimme. „Sind Sie zuständig für Bergnauen?“

Jürgen spülte den Rest des Brotes mit einem Schluck Kaffee hinunter.

Oh Mann, da ist ziemlich viel Schnaps hineingeraten!

„Ja, so ist es.“ Jetzt klang seine Stimme wieder deutlich. „Was kann ich für Sie tun?“ *Hoffentlich nicht allzu viel.*

„Wie gesagt, mein Name ist Bienert, ich bin Psychotherapeutin, es geht um eine Patientin von mir.“

Auch das noch! Jürgen rückte den Stuhl an das Pult. *Als ob nicht schon genug Verrückte heute hier unterwegs sind!*

„Ja?“

„Sie hat mich angerufen und gesagt, dass sie niedergeschlagen wurde.“

„Moment bitte, ich habe hier keine Meldung von einer Schlägerei …“

„Sie verstehen nicht. Niedergeschlagen und entführt. Sie wird in einem Keller festgehalten. In einem Käfig, hat sie gesagt.“

„Wie bitte?“

Jürgen war einiges gewohnt. Vollkommen verrückte Dinge, die die Leute im Rausch erzählten und auch glaubten. Jemand hatte einmal von einer Touristin erzählt, die auf dem Besen … na ja.

Aber das hier war etwas Neues.

„Sie sagten, dass Sie die Therapeutin dieser Frau sind.“ Er musste die Worte mit Bedacht wählen. „Also verstehen Sie mich bitte nicht falsch, aber könnte es vielleicht sein … Was ich meine ist, hier fließt am heutigen Abend der Alkohol in Strömen und … „

Valerie wusste genau, was er ihr durch die Blume sagen wollte. Aber sie musste ihn davon überzeugen, nach Emely zu schauen.

Dass Emely Cats Leiche gesehen hatte, würde sie diesem Polizisten nicht erzählen. Das machte die

Sache unnötig kompliziert und unglaubwürdig, während wertvolle Zeit verstrich.

Emely brauchte Hilfe. Das allein zählte.

„Bitte glauben Sie mir, es handelt sich wirklich um einen Notfall. Sie müssen der Sache nachgehen!“

„Natürlich machen wir das. Dafür sind wir ja da.“ Jürgen räusperte sich und griff nach einem Kugelschreiber. „Wo befindet sich Ihre … wie lautet denn der Name?“

„Emely Kramer.“

Der Kugelschreiber verharrte in der Luft. Ein Gedankenfetzen, mehr ein Gefühl, drängte sich in Jürgens Kopf.

Emely Kramer. Aber es gibt wahrscheinlich einige, die so heißen.

„Emely Kramer also. Und konnte sie Ihnen eine Adresse oder eine Beschreibung des Ortes geben, wo man sie … gefangen hält?“ *Angeblich.*

„Eine Adresse nicht, aber sie sagte, es sei ein Bauernhaus, ganz am Ende der Straße, an der die Ferienhäuschen stehen. Frau Kramer hat eines gemietet.“

Bei Rita? Im Keller? Jürgen riss die Augen auf. *Was zum Teufel …*

„Wissen Sie, wo das ist?“ Die Stimme klang ungeduldig.

„Äh, ja das weiß ich und ich werde gleich jemanden hinschicken.“ *Rita wird sich freuen.*

„Vielen Dank! Ich danke Ihnen. Und bitte, rufen Sie mich sofort an, wenn Sie Emely … Frau Kramer gefunden haben. Ganz egal, was los ist. Ich gebe Ihnen meine Handynummer, denn ich setze mich jetzt ins

Auto und fahre los, aber ich werde nicht vor Mitternacht ankommen.“

Jürgen notierte sich die Nummer, und Valerie legte auf. Sie schien es sehr eilig zu haben, herzukommen.

Lange Zeit blieb er einfach sitzen und starrte in die Luft.

Er wusste nicht, was er von der Sache halten sollte. Kidnapping, hier. In Ritas Keller.

Aber das ungute Gefühl, dass tatsächlich irgendeine Sauerei im Gange war, wurde stärker. Denn es gab ja noch jemanden, der auf diesem Hof lebte.

Er griff zum Telefon und wollte gerade seinen Stellvertreter beauftragen, dem Hof einen Besuch abzustatten, als der sich selbst meldete.

„Chef, du musst herkommen! Wir haben eine Leiche!“

Jürgen Ferber verschüttete seinen Kaffee.

Mirko schwitzte. Sein Rücken schmerzte höllisch, und seine Arme zitterten vor Anstrengung, aber er hatte es fast geschafft. Auf der Wiese türmte sich ein beachtlicher Haufen aus Kisten, Brettern und ein paar alten Stühlen, die in einer Ecke in der Scheune vor sich hin gestaubt hatten.

Er betrachtete sein Werk. *Das sollte reichen!*

Er drehte sich um und holte den Benzinkanister, den er als Reserve für sein Motorrad aufbewahrte.

Sorgfältig verteilte er den Inhalt über dem kleinen Berg.

Das wird lichterloh brennen! Mirko war zufrieden.

Jetzt gab es nur noch eines zu tun.

Ich bin allein.

Emelys Kehle fühlte sich wund an. Sie hatte so lange geschrien, bis ihre Stimme versagte.

Allein.

Das war ich die ganze Zeit.

Mit pochendem Herzen lag sie in ihrem Käfig und hatte das Gefühl, aus einer Narkose zu erwachen.

Sie drehte den Kopf und starrte auf die Haare neben dem Fass.

Das sind meine Haare. Eine Perücke.

Eine Perücke, die sie getragen hatte, wenn sie es nicht mehr ausgehalten hatte, Emely zu sein. Wenn sie sich in Cat verwandelt hatte. In Katja Hass, die so anders war als sie. Die Dinge tun konnte, die Emely niemals gekonnt hatte.

Leben.

Manchmal war sie auch Sarah gewesen. Ein fröhliches und unbeschwertes Mädchen, das sich verliebt hatte.

Emely erinnerte sich an den jungen Mann, den sie in einem Café kennengelernt hatte. Sein Lächeln hatte sie sofort eingenommen, und als er sie angesprochen hatte, war alle Schüchternheit und Angst verflogen.

„Verrätst du mir deinen Namen?“

„Sarah“, hatte Emely geantwortet. Ja, für Sarah war das genau der richtige Freund gewesen.

Du warst schon einmal so weit.

Ja, das stimmte. Vor einem Jahr hatte Emely in Valeries Praxis endlich in den Abgrund geschaut. Erkannt, dass die Welt, die sie sich seit dem Tod ihrer Eltern aufgebaut hatte, nicht existierte. Erkannt, dass Cat und Sarah nur als Teil ihrer Persönlichkeit existierten.

Und dass es kein Unfall gewesen war. Dass man ihre Eltern ermordet hatte.

Brutal umgebracht von zwei Hexen. Männern, deren verzerrte Gesichter als verschwommene Fratzen seit damals in ihren Träumen auftauchten.

Es war eine schreckliche Phase gewesen. Quälend, unmöglich zu ertragen.

Die Medikamente, die Valerie ihr verschrieb, brachten kaum Linderung. Erinnerungen und Albträume verfolgten sie Tag und Nacht. Erschöpften sie so sehr, dass sie morgens kaum mehr aus dem Bett kriechen konnte. Stundenlang war sie durch das leere Haus gewandert, auf der Suche nach etwas, das ihr Halt geben konnte, und hatte der Stille gelauscht.

Bis Cat wieder auftauchte.

„Du und ich, wir werden gemeinsam an diesen Ort zurückkehren“, hatte Valerie gesagt. „Es wird dir helfen, mit der Vergangenheit abzuschließen.“

Cat war schneller gewesen und hatte sie hierhergebracht.

Und sie zu den Mördern ihrer Eltern geführt.

Lisa wälzte sich auf die Seite und erbrach sich.

Der widerliche Geruch, der ihr in die Nase stieg, brachte sie halbwegs zu sich. Sie stützte sich auf die Arme und robbte seitwärts von der Lache weg.

Jede Bewegung vervielfachte die Schmerzen in ihrem Kopf, und sie verlor die Orientierung. Keuchend ließ sie sich wieder auf den Rücken fallen. Lichtblitze zuckten über ihr an der Decke. Sie lag in ihrem Zimmer auf dem Boden. So viel konnte sie wahrnehmen.

Sie legte sich eine Hand auf die Stirn und befühlte die Beulen. Vor dem Haus ging das Licht an und erhellte das Zimmer.

Mirko. Emely.

Mit einem Schlag kehrte die Erinnerung zurück.

Lisa versuchte aufzustehen, aber augenblicklich wurde ihr wieder übel. Der Brechreiz zwang sie in die Knie.

Ich habe eine Gehirnerschütterung.

Eigentlich war es ein Wunder, dass sie überhaupt noch denken konnte.

Dass sie noch am Leben war.

Mirko hatte ihren Kopf mit voller Wucht an die Wand geschlagen, und bevor sie ohnmächtig geworden war, hatte sie noch ein letzter Gedanke durchzuckt. *Das ist das Ende.*

Wenn ich mich jetzt nicht zusammenreiße, wird das wirklich das Ende sein. Für mich und Emely.

Lisa rutschte auf Knien zum Fenster und zog sich am Sims hoch.

Zuerst konnte sie gar nichts sehen. Ihr Blickfeld war verschwommen, und alles vor ihren Augen verdoppelte sich und löste sich auf.

Zwei Mirkos kamen aus der Scheune. Sie trugen ein paar alte Stühle vor sich her.

Lisa blinzelte heftig, und nun schoben sich die Bilder ineinander. Mirko, der die gelben Handschuhe ihres Vaters trug und eilig Richtung Wiese verschwand.

Was hatte er vor?

Ein heftiges Schwindelgefühl erfasste sie, und Lisa musste sich mit aller Kraft festhalten.

Nicht! Ohnmächtig! Werden!

Mirko kam zurück und verschwand in der Scheune. Als er mit dem roten Benzinkanister in der Hand wiederkam, begriff sie mit einem Schlag, was er vorhatte.

Oh Gott nein! Nein! Nein!

Lisa nahm alle Kraft zusammen und richtete sich stöhnend auf. Sie schwankte wie eine Betrunkene und klammerte sich an den Fenstergriff.

Sie atmete heftig schnaufend durch den offenen Mund, und endlich verlangsamten die Wände des Zimmers ihre Drehung. Vorsichtig setzte sie einen Fuß vor den anderen, bis sie nach einer gefühlten Ewigkeit schweißgebadet die Türe erreichte.

Bitte, bitte, dachte sie, als sie die Hand hob.

Sie hatte eigentlich nichts Anderes erwartet, aber die Verzweiflung war dennoch grenzenlos, als sie die Klinke hinunterdrückte.

Du elender Bastard! Du Monster!

Mirko hatte sie eingesperrt.

Ich will nicht sterben.

Dieser Gedanke überwältigte Emely.

All die Jahre hatte sie mit einer Todessehnsucht gelebt. Sich immer wieder gewünscht, von dieser Welt zu verschwinden. Sie hatte sich nie umgesehen, wenn sie über die Straße gegangen war. Das Schicksal herausgefordert. Mehr als einmal war sie auf einer Brücke gestanden und hatte in die Tiefe geschaut. Sich dem Sog hingegeben, der sie freundlich lockte.

Sie war nur noch am Leben, weil Cat und Sarah immer für sie da gewesen waren.

Ich bin Cat und Sarah. *Ich* habe es ganz alleine geschafft.

Und ich will leben.

Sie wollte um ihr Leben kämpfen, und sie wollte dieses Monster büßen lassen. Für den Mord an ihren Eltern, dafür, dass er ihr Leben zerstört hatte. Dass er das aus ihr gemacht hatte, was sie jetzt war.

Ein hilfloses Opfer.

Emely sah sich um und nahm den Raum zum ersten Mal bewusst wahr.

Ich muss hier raus!

Ihr ganzer Körper fühlte sich taub an, aber Emely sammelte ihre letzten Kräfte und presste sich zusammen, machte sich so klein wie möglich. Sie schob die Finger durch das Gittergeflecht und drehte sich auf den Rücken. Sie riss sich ein weiteres Büschel Haare aus, zerkratzte sich Arme und Beine, aber sie schaffte es.

Über ihr lag der Deckel, befestigt mit einem Vorhängeschloss. Sie wusste, dass es sinnlos war, aber sie zerrte und rüttelte mit den Fingern daran.

Hoffnungslos.

Sie musterte das Gitter. Der Draht war nicht besonders dick, vielleicht konnte sie ihn aufbiegen.

Ihre Finger bluteten, als sie den Versuch aufgab.

Tränen der Wut und Verzweiflung strömten ihr über die Wangen.

„Du verdammter Dreckskerl!"

Emely wurde von einem Zorn und Hass überrollt, wie sie ihn noch nie empfunden hatte.

„Du elender Hurensohn! Du Mörder!"

„Du meinst doch nicht etwa mich damit?"

Sie hatte ihn nicht gehört.

Mirko stand vor dem Käfig und grinste auf sie herab.

„Eine Leiche? Habe ich richtig gehört? Ihr habt eine Leiche gefunden?" Jürgen Ferber versuchte seine Gedanken zu bändigen.

Gefangen in einem Käfig. In Ritas Keller.

„Ja Chef, du hast richtig gehört. Soll ich …"

„Eine Frau?"

„Was? Wie kommst du darauf? Nein, es handelt sich um einen Mann."

Auch nicht schön, aber Jürgen fühlte sich schlagartig besser.

„Wo habt ihr ihn gefunden?" Im Stehen zog sich Jürgen seine Jacke an.

„Ein Touristenpärchen, das sich zum Schmusen an den Weiher verzogen hat, hat ihn entdeckt."

„Ich komme. Und du weißt ja, was jetzt zu tun ist."

Jürgen verfluchte die Walpurgisfeier. Was ging hier vor? Würde das jetzt wieder so eine Nacht werden wie vor fünfzehn Jahren?

Sein Magen vollführte eine Drehung.

Das Fenster.

Es war die einzige Möglichkeit.

Lisa schleppte sich durch das Zimmer und öffnete es. Als sie sich hinausbeugte, wurde sie erneut von Schwindel erfasst.

Ich muss …

Sie atmete heftig durch den Mund. *Ich muss da hinunter. Egal wie.*

Sie kletterte auf die Fensterbank und drehte sich um. Sie ignorierte den Schmerz in den Schienbeinen, als sie sich auf die scharfe Kante kniete und mit den Händen am Vorsprung festklammerte.

Wenn doch nur dieses Schwindelgefühl aufhören würde. Hinter den Augen pochte ein stechender Schmerz.

Ich muss.

Sie schob die Beine nach hinten und ließ sich herunter. Als Kind war sie oft auf Bäume geklettert, hatte an Ästen baumelnd über den Wiesen gehängt. Sich fallen gelassen in das weiche Grün, in dem die Blumen blühten.

Aber jetzt lagen unter ihr nur Steinplatten, die ihr Großvater selbst um das Haus herum verlegt hatte. Lisa presste das Gesicht an die raue Hausmauer.

Es ist gar nicht so hoch, redete sie sich gut zu. *Ich muss mich einfach nur richtig abrollen, so wie früher. Dann passiert nichts.*

Ihr Herz pochte, und sie ließ sich fallen.

Das Geräusch kam ihr sehr laut vor.

Und der Schmerz raubte ihr den Atem.

Sie lag auf der Seite und krümmte sich. Gebrochen. Der Knöchel war gebrochen. Daran gab es keinen Zweifel.

Emely.

Sie biss die Zähne zusammen, rappelte sich auf und versuchte zu stehen. Wie ein Stromschlag schoss der Schmerz bis hoch in den Oberschenkel.

Wie sollte sie Emely jetzt noch helfen?

Lisa weinte lautlos.

Mirko.

Emely blickte zu ihm auf, und wenn sie gekonnt hätte, hätte sie sich wie eine Furie auf ihn gestürzt, dieses Grinsen in seinem Gesicht für immer ausgelöscht.

Sein Blick veränderte sich. Er betrachtete sie mit echtem Interesse.

„Du würdest mich jetzt gerne umbringen, stimmt‘s?“

„Ja!“, brüllte Emely. „JA!“

„Im Grunde bist du genau wie ich. Du würdest tun, was nötig ist.“ Mirko lächelte. „Wenn du könntest, würdest du töten.“

„Nein!“, fauchte Emely. „Ich bin ganz und gar nicht wie du, du bist kein Mensch, du bist ein … ein widerliches Monster!“

„Das denkst du. Und deshalb glaubst du, dass du ein Recht hättest, mich zu töten. Dass es notwendig ist. Aber ich erkläre dir jetzt, warum es zwischen uns keinen Unterschied gibt. Für mich war es genauso notwendig, verstehst du? Gewisse Dinge lassen sich nicht anders lösen.“

„Du redest von meinen Eltern!“, kreischte Emely und schlug mit den Fäusten an das Gitter. „Du hast meine Eltern umgebracht!“

Sie konnte es nicht fassen. Er stand da mit den Händen in den Hosentaschen. Plauderte freundlich über diesen sinnlosen, grausamen Mord, als redeten sie vom Wetter.

„Du bist krank! Vollkommen krank.“

Mirko verzog das Gesicht. „Es ist wirklich nicht nötig, mich zu beleidigen. Aber ich sehe schon, du verstehst nicht, wovon ich spreche. Und deshalb bist du schwach, ein Opfer. Ich habe sehr früh gelernt, dass man sich Respekt verschaffen muss, um kein Opfer zu werden. Deine Mutter hatte leider keinen Respekt vor mir. Nein, das hatte sie nicht.“

Emelys hasserfüllter Blick durchbohrte ihn. Mirko hob entschuldigend die Hände.

„Das mit deinem Vater war nur ein unglücklicher Zufall, glaub mir. Er war einfach zur falschen Zeit am falschen Ort. Es war notwendig, ich hatte keine andere Wahl.“

Zufall. Notwendig.

Emely schloss die Augen und hielt sich die Ohren zu. Sie konnte sein Gewäsch keine Sekunde mehr ertragen. Es war ungeheuerlich, wie kalt und gewissenlos er war.

Er ist vollkommen wahnsinnig!

Sie hätte ihn nicht aus den Augen lassen dürfen.

Es ging blitzschnell.

Der Deckel klappte hoch, Mirko packte ihre Hände. Sie versuchte, sich zu wehren, schlug nach ihm, aber das Klebeband wickelte sich um ihre Handgelenke, bevor sie richtig reagieren konnte.

Er zerrte sie an den Haaren. „Hoch mit dir!“

Ihre gefühllosen Beine konnten sie nicht tragen, und sie stürzte bäuchlings auf den staubigen Boden.

„Kannst du nicht mehr gehen? Na schön, ich will dich nicht tragen müssen. Warten wir noch einen Moment, aber dann wird es wirklich Zeit.“

Sie lag hilflos auf dem Bauch, und er klopfte ihr mit beiden Händen über die Schenkel. „Das regt die Blutzirkulation an.“

„Fass mich nicht an!“, kreischte sie. „Fass mich nicht an!“

Er ließ von ihr ab und hob die Perücke auf.

„Sind die Haare echt?“ Er ließ sie über seine Hand gleiten. „Ja, ich glaube, die sind echt. Fühlen sich gut an.“

Das hatte er schon festgestellt, als er sie ihr vom Kopf gerissen hatte. Am Ende der Hetzjagd durch den Wald.

Als sie ihm wieder einmal entwischt war. Wie ein Idiot war er eine Sekunde dagestanden, mit ihrer

Perücke und dem blauen Rucksack in den Händen. Dann hatte er das Gleichgewicht verloren und war auf den Rücken geknallt wie ein dämlicher Maikäfer. Während Emely in großen Sprüngen wie ein Reh über die Wiese davongerannt war. Vorbei an den Touristen, die verblüfft geglotzt hatten.

Aber jetzt ist Schluss damit! Er musterte sie.

Emely rührte sich nicht.

„Was sollte das eigentlich mit dieser Maskerade? Diese Perücke und dann die verrückten Kleider, in denen du plötzlich aufgetaucht bist. Hast du wirklich gedacht, man erkennt dich damit nicht?“

Er schüttelte den Kopf und ließ die Perücke fallen. „Die brauchst du ja jetzt nicht mehr.“

Nein, dachte Emely, ich brauche sie nicht mehr.

Mirko versetzte ihr einen leichten Tritt in die Seite. „Was hattest du denn eigentlich vor? Warum hast du nicht die Bullen gerufen? Du hast mich doch erkannt.“

Nein, das habe ich zuerst nicht. Du selbst hast mir die Augen geöffnet, dachte Emely. Du hast dich selbst verraten. Was für eine Ironie des Schicksals!

Neben ihrem Gesicht krabbelte eine Kellerassel vorbei. Flink und wendig bewegte sie sich durch ihr eigenes Universum. Unbeeindruckt von dem, was sich hier abspielte.

„Du redest jetzt also nicht mehr mit mir“, knurrte Mirko. „Na schön, es spielt ja auch keine Rolle mehr. Nur etwas möchte ich wirklich noch gerne wissen. Was zum Teufel hast du mit Wilf gemacht? Wo steckt mein alter Freund?“

„Er ist tot.“ Es war Cat, die das sagte.

•

„Also doch.“ Mirko war nicht sonderlich überrascht. Wilf wäre niemals abgehauen, ohne ihm was zu sagen. Er hätte es gerne getan, das wusste er, aber Wilf war ein Feigling.

Ein Schwächling, doch jetzt war er von seinem Gewissen erlöst, das ihn so geplagt hatte.

„Hast du ihn umgebracht?“

„Ja.“ Cat konnte einfach nicht schweigen.

Mirko lachte laut. „Siehst du? Verstehst du es jetzt? Du bist wie ich. Eine Mörderin! Und deshalb habe ich das Recht, die Todesstrafe über dich zu verhängen.“

Er packte sie und stellte sie auf die Füße.

„Los jetzt, es wird Zeit. Die Feier ist schon in vollem Gange!“

Lisa war auf einem Bein hüpfend bis vor die Haustüre gelangt, als sie seine Stimme hörte.

Er kommt aus dem Keller!

Und anscheinend hatte er Emely bei sich. Mit wem sonst sollte er die ganze Zeit reden. Lisa konnte nichts verstehen, aber sie kannte diesen Tonfall.

Er hielt wieder einmal einen Vortrag. Leierte seine Überzeugungen und seine Sicht der Welt herunter. An der niemand zu zweifeln hatte. Die alles, was er tat, entschuldigte.

Das hatte er früher oft gemacht, nachdem er sie geschlagen hatte. Ihr lang und breit erklärt, warum er das hatte tun müssen und wozu es gut war.

Lisa sah sich hektisch um. Es gab weit und breit nichts, womit sie ihn aufhalten konnte.

Emely retten.

Ihr Blick fiel auf das offene Scheunentor. So schnell sie konnte, humpelte sie darauf zu.

Das Leben in ihren Beinen kehrte nur langsam zurück, und Emely wäre fast über die Stufen vor dem Haus gestrauchelt. Mirko hielt sie fest. Seine Hand krallte sich unerbittlich um ihren Oberarm.

Er sah sich um. Überall auf den Hügeln loderten die Feuer in der Dunkelheit, und hoch oben, an der Endstation der Sesselbahn, stiegen ein paar Feuerwerkskörper in die Luft. Auf der Zufahrtsstraße war niemand zu sehen.

Noch nicht.

„Los, weiter!“ Er zerrte Emely mit sich.

Wohin bringt er mich? Emely blinzelte in die Düsternis. Sie wagte es nicht, laut zu schreien, aus Angst, dass er sie bewusstlos schlagen könnte.

Bei der nächsten Gelegenheit laufe ich weg. Ich bin ihm noch immer entkommen!

Sie musste die Nerven behalten und auf den richtigen Moment warten.

Es fiel ihr unendlich schwer. Noch vor ein paar Minuten hatte ihr Hass auf ihn alles andere ausgelöscht. Aber jetzt kroch die Angst in ihr hoch.

Todesangst.

Sie versuchte, ruhig zu bleiben, er sollte sich sicher fühlen. Glauben, dass sie aufgegeben hatte. Sie ließ sich scheinbar willenlos von ihm durch die Finsternis führen.

Alles um sie herum sah unwirklich aus. Wie in einem Traum wölbte sich der nächtliche Himmel über ihr. Eine schwarze Kuppel, übersät mit Sternen. Vor den Silhouetten der Wälder loderten helle Feuer.

Aber es war kein Traum, es war schreckliche Wirklichkeit. Das leise Wummern der Musik unten im Dorf erinnerte sie daran, dass heute Abend alle feierten. Tanzten und lachten.

Lebten.

Mirko versetzte ihr einen heftigen Stoß, und Emely landete ihm Gras. Im ersten Moment konnte sie kaum etwas erkennen. Nur langsam schälten sich die Umrisse einer unregelmäßigen Kontur hervor.

Was ist das?

„Nur für dich“, sagte Mirko und knipste das Feuerzeug an.

Irmi griff nach ihrem Schal und warf ihn sich über die Schultern. Selbst gehäkelt vor ein paar Jahren, als ihre Finger noch nicht so steif gewesen waren. Sie musste an die frische Luft. Keine Sekunde länger würde sie es in diesem Gewusel hier drin noch aushalten.

Vor dem Hotel stützte sie sich auf ihren Stock und sah sich um.

Der Shuttlebus stand auf dem Parkplatz, und Karl, der seinen Ruhestand während der Walpurgisnacht unterbrochen hatte, stand untätig davor. Eigentlich müsste er jetzt mit dem Bus wie ein Weberschiffchen ins Tal und wieder zurück fahren. Bis auch die letzten Feierwütigen sicher in ihren Betten lagen.

„Hallo Irmi", rief er und winkte ihr zu. „Hast du es schon gehört?"

Irmi humpelte zu ihm. Heute schmerzte wirklich jeder ihrer Knochen.

„Was denn?"

„Sie haben die Straße abgesperrt, anscheinend hat man eine Leiche gefunden."

Irmi riss den Mund auf, aber sie brachte keinen Ton hervor.

Lisa! Ich habe es geahnt.

Ihr Herz wollte den Brustkorb sprengen.

„Bring mich hin!"

„Was? Nein, Irmi, hör mal, das geht nicht!"

Irmi hob drohend ihren Stock. „Du tust jetzt, was ich sage, alter Mann!"

Karl war keineswegs beleidigt, so hatte sie ihn schon in seinen besten Jahren genannt. „Sei doch vernünftig, der Weiher ist abgesperrt. Und selbst wenn ich wollte, siehst du nicht, dass ich den Bus schon voll mit Leuten habe, die nach Hause wollen? Was denkst du, was passiert, wenn ich die zu einer Leiche kutschiere?“

Irmi schubste ihn beiseite und kletterte in den Bus.

„Endstation!“, rief sie und klopfte mit dem Stock auf den Boden. „Alles aussteigen – und zwar sofort!“

„Ist die Alte durchgeknallt?“, rief jemand von den hinteren Plätzen.

„Wir wollen nach Hause“, sagte eine junge Frau. „Was soll das denn jetzt?“

„Herrschaften, es handelt sich um einen Notfall. Bis die Straße wieder freigegeben wird, müssen Sie hier warten. Also steigen Sie jetzt alle aus.“

„Kommt nicht in Frage! Ich bleibe sitzen!“

Irmi griff in ihre Trickkiste und rief: „Liebe Gäste, ich habe es versäumt, mich vorzustellen. Ich bin die Hotelbesitzerin, und als Entschädigung für die Umstände bekommen Sie Getränke und Verpflegung umsonst, bis der Bus wieder fährt.“

Monika bringt mich um!

Es gab eine kurze Diskussion zwischen den Fahrgästen, aber das Angebot war eindeutig besser, als im Bus auf dem Trockenen zu sitzen, ohne zu wissen, wann es weitergeht.

Fassungslos sah Karl zu, wie einer nach dem anderen aus dem Bus stieg.

„Irmi!“

Sie hatte sich schon auf den vordersten Platz gesetzt und funkelte ihn an.

„Jetzt mach schon! Steig endlich ein und fahr los!“

Lisa humpelte in der Dunkelheit durch die Scheune. Ihr Herz raste vor Entsetzen und Panik.

Schnell, oh bitte, Gott, hilf mir doch!

Als sie sich umdrehte, schlug sie sich den Ellenbogen an der Seite des Traktors an. Sie nahm den Schmerz gar nicht wahr. Verzweifelt versuchte sie sich an die Gegenstände zu erinnern, die in der Scheune herumlagen.

Es muss etwas geben, womit ich ihn ...

Plötzlich fiel es ihr ein.

Sie tastete sich mit den Händen an der Wand entlang, und dann hatte sie sie gefunden.

Eine Heugabel.

Es war nicht die, mit der Mirko ihren Vater umgebracht hatte. Die Polizei hatte sie damals mitgenommen, und Rita hatte eine neue gekauft.

Aber für Lisa war es wie ein Wink des Schicksals, dass ihr das eingefallen war. Als hätte ihr Vater sie geleitet.

Sie umklammerte den Stiel mit beiden Händen.

Damit konnte sie ihn in Schach halten. Damit konnte sie Mirko …

Töten!

Lisa stürmte los.

„Sieht nach einem Unfall aus, Chef."

Jürgen Ferber starrte auf die Kopfwunde der Leiche. „Ja, sieht so aus, aber das müssen jetzt die Spezialisten …“

„Hat wahrscheinlich zu viel gesoffen und ist ins Wasser gestürzt. Da drüben, beim Steg.“

Es könnte so gewesen sein. Könnte. Jürgen hätte lügen müssen, wenn ihn jetzt jemand gefragt hätte, ob es ihm leidtue um Wilf. Den besten Freund seines Neffen. „Ihr bleibt hier, ich muss mich noch um etwas anderes kümmern.“

Er drehte sich um und schnappte nach Luft.

Das gibt's ja nicht!

Der Shuttlebus rollte fast geräuschlos bis an die Absperrung.

Verflucht! Karl, dieser Idiot! Karrt der jetzt eine Ladung Touristen her, damit sie Selfies mit einer Leiche machen können?

Er rannte brüllend los. „Weg hier! Schert euch zum Teufel!“

Schnaufend erreichte er den Bus gerade in dem Moment, als die Türe aufging. Eine wohlbekannte Gestalt kletterte rückwärts die Tritte hinunter.

„Irmi!“, japste er. „Was treibst du denn hier?“

Irmi ließ den Haltegriff los und schob Jürgen mit dem Stock beiseite.

„Ist das … ist das Lisa?“

„Lisa? Nein, wie kommst du denn darauf? Wilf liegt da unter dem Tuch.“

Tränen der Erleichterung nahmen ihr die Sicht. Fast wäre sie umgekippt.

„Lisa ist verschwunden, und ich dachte…“

Jürgen verstand die Welt nicht mehr. „Lisa? Wieso Lisa? Ich habe einen Anruf bekommen, aber da ging es um eine Mieterin von euch. Ich wollte gerade zu Ritas Hof fahren und nachschauen.“

Irmi richtete sich kerzengerade auf. „Ich komme mit.“

Jürgen wollte protestieren, und Karl hätte ihm sagen können, dass das sinnlos war.

Aber bevor er den Mund aufmachen konnte, humpelte Irmi schon davon, riss die Türe seines Wagens auf und ließ sich auf den Sitz plumpsen.

Sie kann ja im Auto warten, dachte Jürgen und ergab sich kopfschüttelnd in sein Schicksal.

Er konnte ja nicht ahnen, welche Stütze Irmis Anwesenheit ihm noch sein würde.

Emely schnappte vor Entsetzen nach Luft.

Oh Gott! Er will mich verbrennen!

Mit einer solchen Grausamkeit hatte sie nicht gerechnet. Sie hatte geglaubt, dass er sie auf den Hügel schleppen würde. Dass er ihr den Schädel einschlagen und sie über einen Felsen werfen würde, damit es so aussah, als wäre sie unglücklich gestürzt.

Irgendwo unterwegs hätte sie ihm entkommen können.

Jetzt war es zu spät.

„Du bist wahnsinnig!“, schrie sie und rappelte sich auf.

„Kommt darauf an, von welcher Seite man es betrachtet. Ich tue nur das, was nötig ist, das solltest du inzwischen begriffen haben.“

Mirko bückte sich und hob ein Hölzchen auf. Mit dem Feuerzeug brachte er es zum Glimmen und warf es auf den Stapel.

Es dauerte den Bruchteil einer Sekunde, dann gab es eine kleine Explosion, und die Flammen schossen in die Höhe. Der Widerschein tanzte in seinen Augen.

Emely rannte los.

Vier Schritte, dann war es schon vorbei.

Er hatte damit gerechnet und nur so getan, als richte sich seine ganze Aufmerksamkeit auf die Flammen.

„Lass das, das bringt doch nichts."

Er schleifte sie an den Haaren zurück und versetzte ihr einen Faustschlag ins Gesicht, als Emely schrie.

Sie sank weinend vor dem Feuer in die Knie.

„Bitte, bitte, tu das nicht!"

Mirko hörte ihr nicht zu. Er musste nachdenken.

Ganz plötzlich war er verunsichert. Würde das Feuer wirklich alle Spuren beseitigen? Er erinnerte sich an einen Film, den er kürzlich gesehen hatte. Mit einer Leiche in einem ausgebrannten Autowrack. Das Skelett war übriggeblieben. Verkrümmt, schwarz, wie eine Skulptur eines geistesgestörten Bildhauers.

Aber immer noch da.

Okay, das war in einem Auto, versuchte er sich zu beruhigen. Mit dem ganzen Metall drum herum …, da kann schon etwas übrigbleiben.

Er ballte entschlossen die Faust.

Und wenn schon, auch darum werde ich werde mich kümmern. Man wird nichts von ihr finden.

Wo sind sie? Wohin hat er sie gebracht?

Lisa blickte sich vor Verzweiflung stöhnend um. Nur etwa zwanzig Meter entfernt schoss eine Stichflamme empor, und dann konnte sie die beiden sehen.

Wie ein Scherenschnitt vor dem lodernden Feuer.

Emely, die im Gras kniete. Die Hände vor der Brust, als würde sie beten.

Mirko, der kerzengerade neben ihr stand und sie an den Haaren festhielt.

Er will sie verbrennen!

In Lisa brach ein Damm.

Auf die Heugabel gestützt torkelte sie vorwärts, mit weit aufgerissenem Mund. In ihrem Brustkorb baute sich ein gewaltiger Druck auf, der durch ihre Kehle entweichen wollte.

Nach so vielen Jahren fand sie ihre Stimme wieder.

„Duuu Schweiiiin!“

Das Feuer gab Geräusche von sich.

Knackend und knallend verbrannten die Kisten und Stühle. Die morschen Bretter rutschten ineinander, Funken wirbelten durch die Luft und fielen wie ein Schwarm Mücken auf sie herab.

Mirko klopfte sich hastig ein glimmendes Stück Holz vom Hemd.

Vielleicht doch etwas zu viel Benzin?

Der Scheiterhaufen schien regelrecht lebendig zu sein.

Es klang, als würde er schreien.

Undeutlich, verwaschen.

„uuuh eiiiiin!“

Etwas bohrte sich in Mirkos Rücken.

Mit einer solch schmerzhaften Gewalt, dass er nach vorne stürzte und auf dem Bauch landete. Bevor er begreifen konnte, was vor sich ging, durchzuckte ihn ein neuer Schmerz. Stechend, gleißend, als wäre die Sonne explodiert.

Sein Arm.

Er war durch den Sturz im Feuer gelandet, und kreischend zog er ihn zurück. Fast wahnsinnig vor Qual rollte er sich brüllend im Gras.

Keuchend blieb er schließlich auf dem Rücken liegen, der sich anfühlte, wie von einem Tier zerfleischt. Über ihm baumelte ein heller Zopf durch sein verschwommenes Blickfeld.

Lisa!

Auf ihrer Stirn prangten blaue Flecken, ihr Gesicht war gerötet und mit Schweiß überzogen.

„Lisa?“

Er konnte es nicht fassen.

Die kleine, dumme Lisa.

„D…dh..duuu Schwein!“, stammelte sie zornig und spuckte ihn an.

„Du sprichst?“ Ein überraschtes Krächzen, das aus seiner Kehle drang.

Das Atmen fiel ihm immer schwerer, während er versuchte zu begreifen, was vor sich ging.

Lisa, die breitbeinig über ihm stand. Mit beiden Händen umklammerte sie den Stiel einer Heugabel. In ihren Augen spiegelten sich die Flammen des Feuers, und dahinter sah er eine kalte Entschlossenheit, die keine Gnade kannte.

„Kleine Lisa. Dumme Lisa." Seine Lippen bewegten sich, aber…

auf einmal war er es, der kaum mehr sprechen konnte. Seine Zunge wollte ihm nicht mehr gehorchen. Es fühlte sich seltsam an.

Er versuchte, sich auf den Ellenbogen aufzustützen.

Lisa funkelte ihn hasserfüllt an und riss die Heugabel in die Höhe.

Lisa. Sie wird mir das Ding in die Brust rammen, dachte Mirko erstaunt. Aber der Gedanke hatte irgendwie nichts mehr mit ihm zu tun. Aus dem Feuer, neben dem er lag, strömte eine eisige Kälte, die sich in sein Innerstes fraß.

„Nicht! Lisa, tu das nicht!", brüllte Emely und rappelte sich auf. Ihre Lippen zitterten, als sie ihre gefesselten Hände auf Lisas Arm legte.

„Lass ihn, bitte. Er kann uns nichts mehr tun."

Lisa konnte die Augen nicht von Mirko abwenden, aber sie ließ die Arme sinken.

Sie konnte nicht glauben, dass es vorbei war. Dass er keine Macht mehr über sie hatte.

Er starrte hinauf zu den Sternen.

„Komm, Lisa." Emelys sanfte Stimme drang wie aus weiter Ferne zu ihr. „Komm. Er ist tot."

Noch ein ganzes Leben

Emely genoss die Hitze auf ihrer Haut. Endlich war es doch noch richtig Sommer geworden. Mit einiger Verspätung waren die Temperaturen Mitte Juli auf dreißig Grad gestiegen.

Über der Stadt lag ein ständiges Summen wie von Bienenschwärmen, weil das Leben jetzt draußen stattfand. Es roch nach Sonnencreme und Grillbude, die Eistüten in den Händen der Kinder leuchteten mit den bunten Farben ihrer Kleidung um die Wette.

Die Menschen trugen ein Lächeln im Gesicht, strahlend wie roter Lippenstift. In der Helligkeit des Lichts verblassten die Erinnerungen.

Emely räkelte sich auf dem Liegestuhl und ließ ihren Blick über den Garten schweifen. Der Gärtner hatte vor einer Stunde seine Werkzeuge zusammengeräumt und gute Arbeit geleistet. Alles sah gepflegt und ordentlich aus.

Und so wie die gelben Rosen war auch Emelys Leben wieder erblüht. Ein Wunder, wie schnell sie sich erholt hatte.

Die Vergangenheit, die sie so viele Jahre wie eine zentnerschwere Last niedergedrückt hatte, lag nun endlich hinter ihr.

Valerie Bienert war erstaunt darüber.

Valerie war in jener Nacht wie ein Schutzengel auf dem Revier aufgetaucht und bei ihnen geblieben, als Lisa und Emely von der Polizei verhaftet worden waren, trotz Irmis lautstarkem Protest. Während der ganzen Zeit mit all den Fragen, die Emely vor Schock und Erschöpfung nicht beantworten konnte.

Auch Lisa konnte es nicht, weil ihre Zunge ihr nicht richtig gehorchen wollte. Sie musste erst wieder richtig sprechen lernen.

Jetzt kann sie das schon wieder richtig gut! Ein warmes Glücksgefühl durchströmte Emely.

Valerie hatte sich um einen Anwalt gekümmert, aber inzwischen war es so gut wie sicher, dass keine Anklage erhoben werden würde. Weder gegen Emely noch gegen Lisa, da Rita ausgesagt hatte.

Emely klappte das Buch zu, das sie eben zu Ende gelesen hatte.

Ich werde es Lisa geben, es wird ihr ganz sicher gefallen. Sie hat so viel nachzuholen!

Emely sah auf ihre Armbanduhr.

Ihre Therapiestunde müsste jetzt schon vorüber sein, sie wird bald nach Hause kommen. Zu mir!

Lisa war bei Emely eingezogen, und Emely war glücklich darüber, für sie sorgen zu können. Manchmal schmiedeten sie sogar schon gemeinsam Pläne für die Zukunft. Es gab unendlich viele Möglichkeiten, sie waren ja beide noch so jung.

Vor ihnen lag noch ein ganzes Leben.

Emely hörte, wie die Haustüre aufgeschlossen wurde.

„Hallo? Jemand zu Hause?“

Das klackernde Geräusch von hohen Absätzen auf dem Marmorboden.

Emely richtete sich auf.

„Da bist du ja!“ Cat schleuderte sich die Sandaletten von den Füßen und rannte lachend auf sie zu.

Weitere Bücher der Autorin:
HORNISSENBRUT
Stummer Schrei (Eulenkönig)
BADEN KANN TÖDLICH SEIN.
Nur noch Stille
LEANA

Gleich weiter lesen auf den nächsten Seiten…

HORNISSENBRUT

Prolog

Jetzt bist du tot!

Tibor beugte sich über das Geländer und starrte in die Tiefe. Der Junge lag auf dem Rücken. Die Arme verkrümmt wie gebrochene Flügel, und seine weißen Sneakers leuchteten in der Dunkelheit.

Tibor sah sich um. Mitternacht war längst vorbei, aber hinter vielen Fenstern der Wohnblöcke brannte noch Licht. In manchen flackerten die blauen Blitze der Fernseher. Jetzt liefen die Horror- und Pornofilme. Tibor kniff die Augen zusammen und alles verschwamm. Er mochte das. Dann sahen die Hochhäuser aus wie Kreuzfahrtschiffe, die nachts im Hafen lagen. Er hatte das mal in einem Film gesehen und es hatte ihn völlig fasziniert.

Aber das hier waren keine Schiffe. Das waren bloß alte Mietskasernen aus Beton, über die Wiesen verstreut, als hätte ein Riese mit Bauklötzen gespielt. Grau, vergammelt und mit Farbe verschmiert. Sogar ganz oben auf den Dächern.

„Weiß der Teufel, wie diese Saukerle da hochgekommen sind!“, hatte Tibors Großvater gesagt, als das neuste Werk an der Fassade prangte.

Tibor hätte es ihm sagen können. Aber dann hätten sie ihn sicher halb totgeprügelt. Er kassierte auch so schon genug Schläge. Ohne Grund. Nein, eigentlich, weil er so war, wie er war.

Ein Idiot.

Ein Schwammkopf.

Ein Spasti ohne Hirn.

Er konnte sich gar nicht alle Namen merken, die sie ihm verpassten. Nur die, die am meisten schmerzten.

Er war jetzt vierzehn. In seinem blassen Gesicht sprossen ein paar flaumige Härchen, die sich später einmal in Bartstoppeln verwandeln würden. Genauso schwarz wie seine Haare und seine Augen. Ein Grund mehr, ihn auszulachen.

„He, Mann! Dir wächst ja eine Scheuerbürste im Gesicht! Dann kannst du ja jetzt mit deiner Fresse das Klo saubermachen!"

Sie hatten gewiehert vor Lachen und es gleich ausprobiert. Luca hatte seinen Kopf in die Kloschüssel gedrückt, während die anderen ihn festhielten.

Und jetzt lag er da unten.

Der Luca.

Jetzt lachte er nicht mehr!

Tibor fuhr mit seinem Zeigerfinger über das Geländer, während er bis zu seinem Ende lief. Die Rampe war für Fahrräder gebaut worden, sie führte drei Meter nach unten bis vor die verbeulte Metalltür.

Luca lag noch genauso da.

Ja klar. Er ist ja tot. Tot! Tot! Tot!

Tibor schob die Hände in die Hosentaschen und schlenderte, über den mit Kaugummileichen verklebten Boden, die Rampe hinunter. In der Wohnung über dem Keller brüllte ein Mann. Tibor nahm es gar nicht wahr. In dieser Siedlung brüllte dauernd irgendjemand. Die Häuser kamen ihm vor wie Waben, nur, dass hier an Stelle von Bienen Menschen herum wuselten. Kaum jemand wohnte hier freiwillig. Wer zu etwas Geld kam, zog schnell wieder aus.

Tibor konnte das nicht verstehen. Ihm gefiel es hier. Die meisten Leute waren nett oder kümmerten sich weder um ihn, oder sonst etwas.

Allerdings gab es auch andere.

Und die waren gemein und böse.

Luca war immer der Schlimmste gewesen. Immer der, der einen Grund fand und immer neue Sachen, die sie mit ihm anstellen konnten.

Dem Spasti.

„Je … jetzt b … bist du der Sch … Scheiß Spasti!"

Normalerweise stotterte Tibor nur noch selten, aber wenn er aufgeregt war, wollte seine Zunge ihm einfach nicht gehorchen. Und jetzt war er aufgeregt.

Er beugte sich über seinen Peiniger und starrte in sein blasses Gesicht. Lucas schicke Frisur war ruiniert von dem Blut, das aus der Wunde auf seiner Stirn sickerte. Sein teures Poloshirt war damit voll gekleckert und wenn er noch am Leben wäre, hätte er sich fürchterlich darüber aufgeregt.

„Weißt du eigentlich, was so ein Scheißding kostet?!"

Nein, Tibor hätte mal wieder keine Antwort darauf gewusst. Aber das war jetzt egal.

Du bist tot!

Er starrte auf die weißen Sneakers an Lucas Füßen, in denen er keinen einzigen Schritt mehr gehen würde.

Tibor hätte auch gerne solche Schuhe gehabt. Er hatte den Prospekt, in dem sie abgebildet waren, seinem Großvater gezeigt. Aber der hatte nur bedauernd den Kopf geschüttelt. Zu teuer. Viel zu teuer! Also trug Tibor welche, die ähnlich aussahen. Aber die waren aus Plastik und manchmal hatte er Schweißfüße deswegen.

Jetzt stupste er damit an Lucas Oberschenkel, der so verdreht war, dass er gar nicht mehr zum Rest passte.

Sieht wirklich komisch aus! Der wäre schön sauer, wenn er sich jetzt so sehen könnte!

Luca bäumte sich auf und spuckte eine Ladung Blut in die Gegend.

Tibor schrie vor Schreck und taumelte so heftig zurück, dass er sich den Ellenbogen an der Mauer anschlug.

Fassungslos sah er in die weit aufgerissenen Augen des Jungen.

„Aaa… aaber du bist doch tot?!"

Luca fuchtelte mit den Armen und aus seinem Mund blubberte das Blut. Er versuchte zu sprechen, aber heraus kam nur ein Gurgeln, als wäre er unter Wasser.

Wie ein Sturm, tobte die Panik durch Tibors Körper.

Jetzt muss ICH sterben!

Er stützte sich mit beiden Händen auf seine Knie und wippte schaukelnd vor und zurück.

„Neinneinneinneinneinneinnein… " Es war sein Mantra. Sein Rettungsring, wenn die Angst ihn in die Tiefe zerren wollte.

„Neinneinneinneinnein… " Mit zusammengekniffenen Augen, monoton, wie ein seltsames Gebet. Immer schneller im Takt seines Oberkörpers.

Tibor warf den Kopf in den Nacken und knallte an die Mauer. Der Schlag riss ihn aus dem Rhythmus und er öffnete die Augen.

Luca starrte zu ihm hoch. Das Kinn und die Brust feucht und dunkel glänzend und jetzt war er still.

Kein Blubbern mehr.

„Ich geh jetzt heim." Tibor drehte sich um und lief die Rampe hinauf.

Opa wird sich furchtbar aufregen, wenn er merkt, dass ich noch nicht zu Hause bin!

Und das wollte Tibor auf keinen Fall.

Achte Etage

Es ist so einfach.

Die Menschen sind blind.

Ich kann hier sitzen, mitten in diesem Gewusel, und sie sehen mich nicht.

Sie werfen mir einen kurzen Blick zu, ja, das schon, aber sie SEHEN mich nicht.

Ich kann alles sein.

Sie haben alle ihre Bilder schon im Kopf. Auf einer Folie, die über der Wirklichkeit liegt, und deshalb sehen sie nur das, was auf dieser Folie abgebildet ist.

Mich.

Nicht wirklich.

Vielleicht bemerken sie die Taubenfedern, die der Luftzug ihrer Schritte vom Gehweg wirbelt. Aber das getrocknete Blut daran? Und selbst wenn. Sie schauen nicht auf und deshalb können sie auch den Habicht nicht sehen, der schon wieder über ihren Köpfen am Himmel seine Kreise zieht.

Sie sehen diesen Jungen, der leise vor sich hin schimpfend im Hinterhof des Ladens Kisten stapelt.

Nicht ganz richtig im Kopf.

Die Friseuse mit ihren kreischblonden Haaren.

Eine Nutte.

Die alte Frau mit der fleckigen Bluse, die in den Hauseingang flüchtet.

Eine ängstliche, dumme Maus.

Diese Bürschchen, Milchgesichter, die ihre Hühnerbrüste recken, wenn die Mädchen vorbeistolzieren. Und mit roten Gesichtern auf ihre Handys starren und dämlich grinsen.

Über den Dreck, den sie heruntergeladen haben.

Mia.

Sie ist die Einzige, die alle wirklich sehen, so, wie sie ist.

Leuchtend, unschuldig und rein.

Ein Engelchen ohne Flügel.

Mia. Meine Mia.

Das Bett roch ein wenig muffig, aber das würde sich mit der Zeit schon noch geben. Hoffentlich. Sophie Bach genoss es im Augenblick einfach nur, nicht mehr länger auf dem Boden zu schlafen. Sie hatte dieses Ding bei einem Trödelhändler ergattert, - vierzig Euro – und ihn solange angebettelt, bis er schließlich eingewilligt hatte, es bis vor die Türe zu liefern.

In die achte Etage. In die winzige Wohnung, wo sie mit ihrer kleinen Tochter Zuflucht gefunden hatte.

Ein neues Leben angefangen.

Ende der Leseprobe.